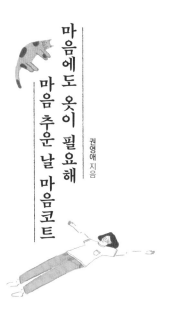

마음에도 옷이 필요해 마음 추운 날 마음코트

권영애 지음

i-Scream

태어나 30여 년을 한 존재의 몸과 마음, 특히 영혼을 안아주는 교육자로 살아왔습니다. 20여 년 심리 트레이닝으로 부족한 작은 나를 만나고, 또 내 안에 엄청난 큰 나를 만났습니다. 예기치 않는 인생의 쓰나미 강에 쓰러져 삶의 답을 잃고 헤맨 시간이 있었습니다. 그리고 지난 10년, 한 교육자가 다시 일어났고, 다시 태어나도 이 영혼으로 계속 살고 싶을 정도로 저를 사랑하게 되었습니다. 그것은 제게 다가온 이들의 기적 같은 변화와 성장 지점들, 제 가슴이 뜨겁게 울렸던 성장 지점들, 사랑에너지 체험들 때문입니다. 한 교육자의 뜨거웠던 성장 지점들을 모아 5가지 심리치료 기반의 특별한 자존감 UP, 셀프힐링 프로세스인 '마음코트COT' 프로세스를 개발했습니다. "그동안 수많은 심리학 책에서 상처를 돌봐야 하는 이유를 배웠다면 '마음코트COT'로 어떻게 치유할 수 있을지 답을 찾았다." 저는 '마음코트COT' 과정 후기를 읽을 때 마다 눈시울이 젖습니다.

삶의 기적은 어디에서 올까요? 저는 지난 몇 년간 몇 개의 기적을 체험하며 반복되는 삶의 기적이 어디에서 오는지 답을 찾았습니다. 2년 전 저를 설득해 버츄프로젝트 30강 온라인 강의를 기획하신 아이스크림연수원의 조○○ 과장님이 2019년 7월 저를 찾아왔습니다. 교사 자살률은 높아만 가는데 드러나지 않고 있다는 것, 이 아픈 현실을 해결하기 위한 국가의 관심, 제도나 케어서비스 시스템이 없다는 것, 아이를 둔 부모로서도 교육기획자로서도 늘 안타깝고 가슴이 아프다는 것이었습니다. 마음 아픈 교사들의 자존감 UP 셀프 치유 프로세스 개발을 장기간의 육아휴직으로 당분간 마지막 기획이니 꼭 수락해 달라는 요청이었습니다. 어린 영혼들을 안아주는 교육자를 살리고 싶어 하는 그녀의 뜨거운 진심, 진정성에 마음이 울렸습니다. 하지만 기한 내 꼭 마무리해야 할 논문 일정으로 그 요청을 받아들일 수 없었습니다.

집에 돌아와 조용히 명상을 하는데 갑자기 눈물이 줄줄 흘러내렸습니다. 논문도 공부도 결국 사람을 살리기 위해 하는 일인데… 그것이 한 생명보다 소중한 일일까? 어린 영혼 돌보는 한 분을 살릴 수 있다면 그것보다 소중한 일이 또 있을까? 그 사이 소중한 생명이 스러지는 건 아닐까? 이 요청은 어떤 의미일까? 이것이 어쩜 신의 요청일 수 있다는 느낌. 갑자기 가슴에서 용기와 결단이 올라왔습니다. 그래서 어렵게 기존 일정을 포기 및 중단하고 예정에도 없었던 자존감 UP 셀프 힐링, 심리치유 프로세스인 '코트COT프로세스' 직무연수 30강을 3주간 밤샘 작업 끝에 개발했고 촬영을 마쳤습니다.

그런 그녀가 얼마 전 또 저를 울렸습니다. "2달간 영상 편집으로 밤샘작업을 했는데 마음이 회복될 분들 생각하니 이상하게 힘들지 않았어요.", "선생님은 제 인생 최고의 기적이에요." 그러면서 '마음코트COT' 미션지들이 너무 소중하다고 저작권 보호를 위해 〈마음 코트 워크북〉으로 만들어 선생님의 진심을 지켜드리고 싶다고 말해 주었습니다. 그녀가 휴가도 미루고, 뛰어다니는 모습에 눈시울이 젖었습니다.

그래서 저 또한 한 사람의 뜨거운 사랑에 답하고 싶어졌습니다. 그녀가 조건 없이 저를 안아 주듯 저도 한 사람을 안아 주고 싶어졌습니다. 마음이 아프고 추위도 살다 보면 여러 이유로 전문가의 상담이나 코칭을 받기 어려운 분들, 아이들 챙기느라 정작 자신을 돌보지 못하는 부모들이 스스로 자신을 돌보고 치유하도록 처음 의도했던 31개 미션지에 200장의 제 사랑과 정성을 새롭게 불어 넣었습니다. 그래서 새로운 셀프 치유 〈코트COT프로세스〉 워크북이 탄생했습니다. 얼음 같은 마음의 시간을 보내고 계시는 한 분의 손을 잡아주고, 그 가슴을 따뜻하게 녹일 수 있다면 그게 저의 응답이고 또 다른 제 삶의 기적이 될 겁니다.

한 교육자가 자신의 삶을 치유하고, 수많은 리더, 교사, 부모를 치유했던 심리치유의 핵심이 담긴 〈코트COT프로세스〉! 그 길에 오신 것 자체가 축복이고, 그토록 헤맸던 삶의 골든타임을 찾으실 것입니다. 〈코트COT프로세스〉의 길을 마무리 할 때쯤 이 세상 유일무이한 당신이 얼마나 자신을 더 깊이 안아주고, 사랑하게 될지 상상합니다. 더 행복해할 당신을 생각하면 벌써 제 가슴이 벅찹니다. 소중한 당신이 자신과 걷게 된 이 〈코트COT프로세스〉의 길, 당신 삶의 특별한 선물과 기적은 이미 시작되었습니다. 당신을 존재 자체로 사랑하고 축복합니다.

2020년 2월. 꽃샘 권영애 드림

저자 **권영애**

사람&사랑연구소(주) 소장, 교육심리전문가. 청주교대 졸업 후 가천대학교에서 교육상담치료 석사 및 교육상담심리 박사과정을 마쳤다. 다양한 심리성장프로그램 〈마음치유코트COT〉, 〈자존감UP 버츄프로젝트〉, 〈내면성장 REACTS〉 등을 개발 리더, 교육자 대상 워크숍, 강의 및 코칭을 진행하고 있다. 감동적인 교육심리치유서인 〈그 아이만의 단 한사람〉, 〈자존감, 효능감을 만드는 버츄프로젝트 수업〉을 출간해 장기간 베스트셀러에 올랐고, 큰 반향을 일으켰다.

KBS 〈강연 100도씨〉, 〈생방송, 토요일입니다〉, 〈김홍성 정보쇼〉, 〈라디오전국일주〉, SBS〈한수진이 만난 사람〉 등에 출연해 사람을 살리는 진정한 교육이 무엇인지에 대해 강렬한 메시지를 전했으며, 전 초등교사로 다양한 심리성장프로그램을 개발했다. 〈단계별 EQ 향상 프로그램〉개발로 부총리 및 교육부장관상, 전국현장연구대회 전국 1등급, 푸른기장상을 수상했으며, 2014년 〈교육부지정 인성교육프로그램〉 개발로 교육부장관상을, 2015년 및 2018년 교육연구공적으로 교육부장관상을, 2017년 (사)행복한교육실천모임에서 행복한교육실천상 등을 수상했다. 아이스크림원격교육연수원에서 2020년 '자존감 UP, 셀프힐링' 〈마음코트COT 30강〉개발, 2017년〈버츄프로젝트 30강〉개발로 200여 개 직무연수 중 3년간 교사추천 1위 강좌로 선정되었다.

현재, 사람&사랑연구소(주) 소장으로 상담, 코칭, 교육심리전문가로 활동 중이며 버츄천사리더성장학교' 대표, 바인그룹(주)교육이사, (사)한국버츄프로젝트의 이사이다. 저서로 『그 아이만의 단 한 사람』, 『버츄프로젝트 수업』, 『미래에게 묻고 삶으로 답하다』(공저)가 있다.

이메일 jjayy@naver.com
블로그 https://blog.naver.com/jjayy
페이스북 https://www.facebook.com/happyssam
인스타그램 https://www.instagram.com/55happymentor

contents

여러분의 자존감은 안전한가요?
자꾸만 작은 일에 불안하고, 사소한 일 앞에서 작아진다면
지금 나의 자존감은 안전한지 점검해봐야 할 때입니다.

여러분은 '마음코트'를 아시나요?
마음코트란,
마음코트에서 코트란 'COT'의 줄임말로 Care, Observe, Try를 말합니다.

Care는 '내 마음을 돌보는 공감 돋보기'
Observe는 '내 마음을 살펴보는 관찰 망원경'
Try는 '내 마음을 바꾸는 무지개 안경' 입니다.

크고 작은 상처얼음을 만나 마음이 차가워질 때
내 마음에도 따뜻한 '마음코트'를 입어주세요.

마음에도 옷이 필요해요.
비 오는 날 레인코트,
마음 추운 날, '마음코트'를 입혀주세요.

step 1

매 활동지 전에 마음을 다독이는 권영애 선생님의 따뜻한 글귀가 수록되어 있습니다. 글을 충분히 읽고 내 마음을 다독여 보세요. 나를 치유하는 시간이 됩니다.

step 2

따뜻한 글귀를 읽었다면 그 다음은 내 마음을 치유하는 마음코트(COT) 활동을 할 때입니다. 어디에도 말하지 못했던 진짜 나를 담아보세요. 불안했던 내 마음, 작아져버린 자존감이 극복되고 진짜 나를 담은 스토리북을 완성할 수 있을 것입니다.

본 자료의 저작권은 사람앤사랑연구소(주)에 있으며,
무단 배포와 가공을 금지합니다.

평생 배우고 실천하는 사람들에게 바칩니다.
소중한 내가 존재할 때, 이 세상도 존재합니다.

누구나 다 백 개의 마음, 백 가지의 +,− 나를 가지고 있어요.

같은 일, 같은 사람이라도, 오늘은 +였다가 내일은 −가 되기도 해요.

어떤 −도 나의 $1/n$, $1/100$일 뿐이에요.

그러니 내가 나 스스로에게 가위표를 칠 이유는 없어요.

내 마음의 온도를 느껴보세요

내 마음,
지금 안녕인가요?

엄마를 잃고 말을 잃어버린
한 아이가 있었습니다.
아이는 자신의 마음을 그림으로 그렸습니다.

어느 날 아이가 그린 그림을 보고
선생님은 할 말을 잃었습니다.

웃는 얼굴에 단발머리를 한 엄마가 누워있습니다.
그 품에 누운 아이는
두 팔로 자기 몸을 감싸 안았습니다.

이 아이에게 필요한 건 무엇일까요?

엄마 품같이 따뜻한 사랑입니다.

아이는 사랑으로 자랍니다.

아이는 사랑이 고프면 바로 알아차립니다.

아이는 행동으로 그 마음을 표현합니다.

엄마 품에 안기고 싶다고, 사랑받고 싶다고요.

아이만 사랑이 필요할까요?

나도 사랑이 필요합니다.

나는 사랑이 고플 때 바로 알아차릴 수 있을까요?

나는 행동으로 그 마음을 표현하고 있나요?

나도 너의 품에 안기고 싶다고, 사랑받고 싶다고요.

사람의 밥은 사랑입니다.

사람은 사랑을 주고받을 때 가장 행복합니다.

그럼 내 마음은 지금 어떤가요?

혹시 내 마음이 아픈가요? 내 마음이 울고 있나요?

내 마음을 가만히 들여다 봐주는 내가 있나요?

사랑이 고프다고 절규하는 내 마음을 알아차려 주세요.

나 — 나 관계에서부터 사랑은 시작됩니다.

내 안에 숨어 있는 나, 따뜻하게 나를 안아주는 나를 만나야 해요.

이 책을 끝낼 때 쯤, 내 가슴에 내가 따뜻하게 안겨있을 거예요.

나는 나를 안아주고 사랑해 줄 힘이 있으니까요.

이제부터 봐주지 못했던 나를 가만히 봐줄 거예요.

이제부터 내가 나를 따뜻한 시선으로 만나줄 거예요.

이제부터 나 — 나 마음여행을 떠나요.

실수, 실패한 나에게 다시 할 수 있다고 말해주세요.
부족함 투성이인 나지만, 괜찮다고 위로해 주세요.
잘 했을 때나 못했을 때나 제일 먼저 나를 안아주세요.

나-나 여행 출발!

❶ 먼저 향기로운 차를 한 잔 준비해 주세요.

　마음을 차분하게 해주는 음악도 함께라면 더 좋습니다.

❷ 차를 앞에 놓고 내 마음을 가만히 느껴봅니다.

❸ 아래의 질문에 대답해보고, 나의 생각들을 자유롭게 적어보세요.

따뜻한 차 한 잔 앞에 놓고 내 마음을 가만히 느껴봅니다.
언젠가는 내 마음의 겨울이 지나고, 상처가 녹아 편안해 질 때가 올 거예요.
그 때를 내 '마음의 봄'이라고 말해 볼게요.

내 마음의 '봄'은 어떤 느낌일까요?

내 마음의 '봄'은 어떤 모습일까요?

내 마음의 봄은 당당하게 살아내는 것.

내 마음의 상처를 치유하고 나에게 너그러워지는 것.

내 마음의 봄은 '난 정말 괜찮은 사람이야.' 라고 마음 깊이 동의하는 것.

내 마음의 봄은 모닥불과 같이 따뜻한 마음을 갖는 것.

내 마음의 봄은 내 존재가 자유롭게 호흡하면서 해맑게 웃고 사는 삶.

내 마음의 봄은 내 마음에서 우러나는 진짜 웃음과 사랑을 나누는 것.

내 마음의 봄은 흙 속 씨앗처럼 다시 새로 시작하는 것.

내 마음의 봄은 진짜로 씩씩해지고 진짜로 하고 싶어지는 일이 생기는 것.

내 마음의 봄은 사랑하는 가족들, 아이들과 즐거운 하루를 만드는 것.

내 마음의 봄은 내 마음의 얼음을 녹여 내게 온 사람의 마음까지 녹여주는 것.

내 마음의 봄은 평가에도 흔들리지 않는 단단한 마음 밭을 갖는 것.

내 마음의 '봄'은 어떤 느낌일까요?
내 마음의 '봄'은 어떤 모습일까요?
가만히 적어 봅니다.

내 마음의 봄은 ───────────────── 다.
그 이유는

내 마음의 힘은
어디에서 올까?

오늘 내 마음 힘들었나요?

내 마음 한 구석에 핀 곰팡이(상처, 문제들)를 없애려고
매일 매일 닦고, 청소하느라 힘든가요?
마음이 힘든 날은 내가 마음을 좀 살펴주면 좋겠어요.
내 마음에는 곰팡이도 있지만
누구도 모르는 힘이 있습니다.
내 마음의 힘은 어디 있나요?

그 힘은 이미 내 영혼 깊은 곳에 있습니다.
창문을 열면 바로 만나는 햇살입니다.
햇살은 감사한 것, 기쁨의 순간, 긍정의 마음 등
내가 이미 가지고 있는 것들입니다.

곰팡이에 집중하는 시간보다

내 안에 이미 있는 창문을 여는 데 시간을 써요.

내 안에 이미 있는 햇살이 바로 내 힘이니까요.

내가 곰팡이를 없애는 데 집중하느라

내 안에 있는 창문을 잊어버린 것은 아닐까요.

살면서 힘들었던 순간, 나를 일으킨 것은 무엇이었나요?

➡ 사랑하는 사람의 따뜻한 위로였다. 한 사람이 주는 힘으로, 나는 내 힘을
알아차렸고, 다시 일어났다.

➡ 네가 아무렇지 않은 것처럼 말해서, 마음이 아프다고 했던 그의 말. 나를
있는 그대로 받아준 그 사람의 한마디였다.

➡ "엄마 힘내세요. 나는 엄마가 고생하는 게 싫어요. 엄마, 사랑해요." 딸이
써 준 편지글.

➡ 소심하고 어렸던 나. 상처만 보았던 나. 관계에서 힘들었던 나. 다가온 것
도 상처로 해석한 나였는데 한 사람의 이해가 내게 힘을 주었다.

➡ 힘든 상황에서 나를 도와준 사람들. 자신의 일처럼 친동생 챙기듯 보살펴
주셨다.

➡ 전화기 너머 "딸, 밥은 먹었니?" 하는 엄마, 사랑한다는 편지글을 읽을 때
힘이 난다.

➡ 내가 관계의 상처에서 괴로워할 때 이것을 받아들이고 다른 해석을 할 수 있게 해 준 사람. 내가 이 상처를 뚫고 갈 힘이 있다고 말해주었을 때 다시 일어날 수 있었다.

➡ 거짓말하는 사람 때문에 상처받고 힘들어했던 나에게 그 사람이 두려움 때문에 살기 위해서 그렇게 한 것이라는 말을 들었을 때 그냥 눈물이 났다. 이해가 되었고 상처가 회복되었다.

➡ 두 아이 키우며 너무 힘든 날, 아버지는 언제 내가 젤 이뻤어요? 하고 여쭈었더니, "너는 어릴 때 하루도 안 예쁠 때가 없었어." 라고 하셨다. 나는 놀라 답도 못하고 뒤 돌아서서 눈물, 콧물 범벅이 되었다. 살면서 힘든 날, 지친 날 지금은 돌아가신 아버지, 그 말씀이 두고두고 내게 힘이 되었다.

자존감은 자기를 믿어주는 믿음이에요.

자존감은 내가 어떤 상황에서도 혼자 내 발로 설 수 있다고 믿는 거예요.

자존감은 어떤 실패, 문제, 상처 상황에서도 흔들리지 않는 힘이에요.

"그래 내 안에 힘이 있었잖아."

"나를 사랑하는 사람들이 있잖아."

"내가 실패, 문제, 상처만 보고 있었구나."

"그 옆에 있는 창문을 잊었구나.…"

자존감이 낮을 때는 나도 모르게 상처에만 집중하고

쑥 그 속으로 들어가지요.

자존감을 높이면, 내 상처를 녹이고, 내 발로 당당히 설 수 있어요.

곰팡이에 집중하는 시간보다
내 안에 이미 있는 창문을 여는 데 시간을 써요.
내 안에 이미 있는 햇살이 바로 내 힘이니까요.
내가 곰팡이를 없애는 데 집중하느라
내 안에 창문을 잊어버린 것은 아닐까요.

나의 창문 찾기

❶ 아래의 질문에 대답해보고, 나의 생각들을 자유롭게 적어보세요.

❷ 살면서 가장 힘들었던 순간, 나에게 힘을 주었던 일을 생각해 봅니다.

❸ 나를 일으켜 주었던 일을 떠올려 봅니다.

내가 다시 힘을 낼 수 있었던 원동력은 무엇인가요?

내가 살면서 가장 힘들었던 순간,
나에게 힘을 주었던 일, 나를 일으켜 주었던 것, 다시 힘을 낼 수 있었던
원동력은 무엇이었나요?
(예) 걷기, 한 마디 위로, 좋아하는 사람과 시간 보내기.)

내가 나를 만나주는 나-나 관계가 자존감을 높여줘요.

자존감은 내가 가진 마음의 창문을 열게 해요.

어떤 어려움이 와도 문제 옆 창문을 알아차리게 해요.

"우리는 불확실하게 존재하다가
한 사람에게 사랑받음으로 비로소 내 존재를 확인한다."
-류시화, 새는 날아가면서 뒤를 돌아보지 않는다 中에서-

불확실하게 존재하는 게 내 모습이에요.

사랑받기를 간절히 원하는 게 내 모습이에요.

사랑받을 때 나는 그 힘으로 다시 벌떡 일어나

불확실하게 존재하는 누군가를 일으켜 세울 수 있어요.

사람은 사랑이라는 밥으로 살기 때문이에요.

마음의 힘은 어디서 올까요?

밖에서 오지 않아요.

내 안에 있는 힘이 가장 세답니다. 변치 않는 힘이기 때문이에요.

그래서 나는 곰팡이 보다 창문에 집중할 수 있어요.

내가 가진 힘, 창문에 집중하는 순간을 늘리는 것.

수시로 창문을 여는 습관을 만드는 것.

자존감을 만드는 가장 쉬운 길이랍니다.

보이는 나,
보이지 않는 나

왜 어떤 사람은 작은 어려움에 바로 무너져 내리고,

어떤 사람은 큰 어려움에도 바로 일어날까요?

그것은 우리가 의식하지 못하는 나,

보이는 나 뒤에 보이지 않는 나,

바로 '세 가지 자아'에 답이 있어요.

바로 '역할 자아', '존재 자아', '관찰 자아'예요.

우리 몸이 성장하듯, 마음은 세 자아를 만나 성장해요.

보이는 역할에서 나를 찾는 '역할 자아'에서

보이지 않는 가치에서 나를 찾는 '존재 자아'

내가 지금 '역할 자아'와 '존재 자아' 중 어디에 집중하는지

관찰하고, 알아차리는 '관찰 자아'입니다.

어떤 사람은 보이는 '역할 자아'에서 마음의 힘을 얻고,

어떤 사람은 보이지 않는 '존재 자아'에서 마음의 힘을 얻어요.
내가 어디에서 힘을 얻고, 어디에 힘을 쓰는 지 알아차리는
마음의 파수꾼이 '관찰 자아'예요.

마음 에너지가 새나가고 또 새나가도
파수꾼이 없으면 지키기 힘들어요.
'관찰 자아' 파수꾼을 내가 자유롭게 불러올 수 있다면
마음이 힘든 순간, 내 스스로 내 마음을 살릴 수 있어요.

우리는 딸 역할, 학생 역할, 엄마 역할을 거치며
어떤 결과, 행동, 능력, 쓸모 등 보이는 '역할자아'에 먼저 집중해요.
그런데 문제는 역할, 결과, 행동, 능력, 쓸모는 수시로 변한다는 데 있어요.
변하는 것에만 집중하면 삶이 점점 힘들어요.
내가 변하지 않는 것을 품은 존재라서 그래요.

삶의 열매 없는 나, 지금 그대로는 초라하다고,
'나 자신'을 외면하며 두려워하고 있나요?
삶의 열매 가득한 나, 지금 그대로 멋지다고,
'나 자신'을 안아주며 용기 내고 있나요?

어떤 내가 진짜 나일까요?
열매 없는 나도 열매 가득한 나도 다 나입니다.
그걸 믿어주는 힘이 '존재 자아'입니다.

우리 삶이 한 그루 나무라고 생각해 봐요,
나무의 뿌리는 보이지 않지만 내 생명을 이어가게 하고,
나무의 열매는 보이는 내 역할의 결과입니다.
'존재'의 힘은 땅속에 있어 보이지 않아도
늘 살아있는 나무를 지탱하는 힘입니다.
나무는 봄, 여름, 가을을 지나 열매를 맺기도 하지만
다시 겨울이 되면 열매 없는 시간을 살아야 해요.
우리는 4계절은 받아들이면서 삶의 4계절은 서로 숨겨요.
봄, 여름, 가을일 때만 열매로 나를 드러내고
겨울 오면 보여줄 것 없어 슬퍼하며, 홀로 떨고 있어요.

눈 쌓인 땅 밑에 새싹이 숨 쉬고 있음을 믿지 않기에
겨울이 인생의 실패, 불완전한 나라고 믿기에
보이는 열매만이 나라고 믿기에
열매 없는 시간을 두려워하고, 힘겨워 해요.
열매 없이 잎사귀만으로 산을 지키는 수많은 나무들도 있어요.

어떤 나무는 비바람에 앙상한 가지만으로도 산을 지키고
어떤 나무는 뿌리가 반쯤 뽑혔어도, 다시 뿌리 내리며 산을 지켜요.

보이는 나의 역할, 결과물, 행동, 능력이 나라 믿으니
실수, 실패, 불완전함이 수치스러워요.
누가 알까봐 감추려 하다 보니
더 불안해지고, 더 외로워요.
무시 당할까봐, 공격 당할까봐 두려워서 그래요.
내 존재 가치까지 무너졌다고 느껴서 그래요.

인생의 겨울이 와도 내 존재가치는 변치 않고,
내 삶의 뿌리도 여전히 단단하게 살아 있어요.

내 존재 가치는 내 능력 가치와 별개로 늘 그 자리에 있어요.
내가 이 세상에 태어나 죽는 순간까지
한 그루 나무가 산 구석을 지키며 묵묵히 살아 있는 것처럼.

살아 있는 나무는 뿌리가 이미 단단한 거예요.
살아 있음만으로도 충분히 존재 가치가 있어요.
살아 있기만 해도 나는 누군가의 한 세상이에요.

이 세상 누구도 대신할 수 없는 단 한사람, 나라는 존재!
유일무이한 나라는 절대적으로 변치 않는 존재가치는
상대적으로 출렁거리는 불완전한 순간에도 그대로 있어요.
한 사람은 변하는 역할로 사는, 변치 않는 존재입니다.

살아 있음만으로도 나를 사랑할 충분한 이유가 되요.

그러니 때로 불완전한 내 모습에 수치심 느끼지 말아요.
누구나 실수하고, 실패하고, 불완전해요.
사람의 모든 문제 상황, 행동, 결과는 다 지나가요.
내 불완전함을 당당히 인정하고 받아들이면
너의 불완전함도 이해하고 받아들이게 되요.
나무의 삶은 겨울을 품은 사계절에 있어요.
우리의 진짜 모습도 불완전함을 품은 온전함에 있어요.

내 불완전함을 인정하고 받아들이면
불완전함 속에서도 변치 않는 온전한 존재라는 걸 믿게 되요.
내 불완전함을 인정하고 받아들이지 않기에
누구도 믿지 않고, 내 존재 가치도 믿지 않는 거예요.

예민하고 수시로 욱하는 나
공부도 일도 잘 못하는 나
친구들에게 인기도 없는 나
내 모습 그대로 다 괜찮아요. 겨울이 있어야 다시 봄이 있어요.
꽁꽁 언 겨울에도 내 존재가치는 사라지지 않아요.

지금의 내가 '역할 자아'가 전부라고 생각하면
그 역할로 인정받고 사랑받기 위해서 죽기 살기로 달려야 해요.
돈, 지위, 명예, 소유물로 특별한 나를 증명해야 하니까요.

그것은 수시로 출렁거리며 변하는 가치들.
남이 인정해주는 내 모습이 나라고 믿다보니
아무리 달려도 끝이 없어요.
주도권이 남에게 있으니 얼마나 힘들까요?

지금의 나를 있는 그대로 사랑하는 '존재 자아'에서는
있는 그대로의 나에 대해 감사하고 인정해요.
불완전한 나를 받아들일 수 있으니
실수하고, 실패한 나를 내가 진심으로 사랑해 줄 수 있어요.
곧 다시 일어나 내가 진정 원하는 삶으로 걸어갈 거예요.
무엇보다 삶의 주도권이 나에게 있으니 얼마나 편안해요?

나는 나의 세 가지 자아를 알아차리고 있나요?
보이는 작은 나, '역할 자아'
보이지 않는 큰 나, '존재 자아'
내가 어디 있는 지 아는 마음 파수꾼 '관찰 자아'

보이는 열매와 보이지 않는 뿌리 사이에서
내 나무는 지금 어떤 모습을 하고 있나요?
내가 진정 살고 싶은 삶은 무엇인가요?

나는 누구인가요?

잠시 지난 10년을 돌이켜보며 나의 인생 나무를 만들어 봅니다.

나의 인생 나무는 어떤 모습일까요?

1. 내 나무의 열매(결과물, 도전, 능력 등)가 빛났던 순간들은?

(ex. 행복했던 일, 자랑스러웠던 일, 벅찼던 일, 기쁜 일…)

2. 내 나무의 열매가 없거나, 적었던 순간들은?

(ex. 실망, 실수, 실패했던 일, 힘들었던 일, 두려웠던 일, 마음 아팠던 일…)

3. 내 나무를 살아 있게 만드는 힘(뿌리)은 무엇인가요?

나	봄 → 여름 → 가을 → 겨울	
	관찰자아 (내 삶 돌아보기, 알아차리기)	
역할자아 능력 변하는 보이는	열매	내 삶의 열매(결과물, 도전, 능력, 빛났던 순간)들은?
	줄기와 잎	내 삶의 열매가 열리지 않거나, 적었던 순간들은?
존재자아 가치 변치 않는 안 보이는	뿌리	내 나무를 살아 있게 만드는 힘(뿌리)은 무엇인가요?

안 보이는 존재 가치는, 보이는 능력 가치와 별개로 늘 그 자리에 있어요.

내가 이 세상에 태어나 죽는 순간까지 늘 그 자리에 있어요.

한 그루 나무가 한 겨울에도 산 구석을 지키며 묵묵히 살아 있는 것처럼.

살아 있는 나무는 보이지 않아도 뿌리를 내렸어요.

살아 있음만으로도 이미 산을 지키고 있어요.

살아 있음만으로도 존재 가치가 있어요.

살아 있는 것만으로도 나는 이미 누군가의 한 세상이에요.

내 나무(인생)를 바라볼 때 지금 나의 느낌은?

내 나무(인생)에게 쓰는 편지

_____ 나무(인생)에게.

내 '존재 자아'를 만나요.

지금의 나를 있는 그대로 사랑하는 '존재 자아'!

열매 있어도, 열매 없어도, 소중한 나예요.

열매 없는 날의 내 모습, 내 상황, 내 현실,

내 고민, 내 과제, 내 아픔까지 받아들이고, 감사해 봐요.

남이 아닌 나에게 제일 먼저 받아들여진 나!

남이 아닌 나에게 가장 존중받는 나!

내 영혼이 이 세상에 와서 기억할 따뜻함이 바로 이런 거예요.

'마음코트COT'로 만날 힘이 바로 이런 거예요.

나	이런 나를 받아들이고, 감사합니다.	지금 내 느낌은?
	나는 지금의 나, 있는 그대로의 나에게 감사합니다.	
내 모습	➡	
내 상황	➡	
내 현실	➡	
	내가 걱정하는 것, 내가 두려워하는 것들에 감사합니다.	
내 고민	➡	
내 과제	➡	
내 아픔	➡	

내 마음의 봄,
'마음코트'를 아세요?

내 마음의 봄, '마음코트'가 무엇인지 알려 드릴게요.

나의 세 가지 자아를 기억하고 있나요?
보이는 작은 나, '역할 자아' 보이지 않는 큰 나, '존재 자아'
내가 어디 있는 지 아는 마음 파수꾼 '관찰 자아'

결과물, 열매, 능력 중심의 '역할 자아'가 과도해지면
맘 추운 날, 내 마음이 추운 지조차 알아차리지 못해요.
오히려 차가운 맘이 내 영혼 전체를 얼릴지도 몰라요.
맘 추운 날, '존재자아'를 불러 올 수 있다면
내 추운 마음을 알아차리고, 녹여 줄 거예요.

추운 마음을 그대로 두면
무의식 속에 잠자던 마음들까지 불러 올 수 있어요.
오래 전 묻어둔 두려움, 불안, 슬픔, 분노들까지 깨어나
나를 꽁꽁 얼게 할 수 있어요.
마음에 끌려 다니는 삶, 한마디로 주객이 전도되는 거예요.

삶이 어려울 때, 내 마음의 주인을 만날 수 있어요.

열매 없는 날, 실수, 실패하는 날 더 커지는 불안, 두려움들...

그런 날 일수록 나는, 내 마음을 따뜻하게 안아주고 이끌어가나요?

그런 날 일수록 나는, 내 마음을 차갑게 더 얼리고 이끌려가나요?

내 마음이 따뜻하면 내가 나를 이끌어가고,

내 마음이 차가우면 마음이 나를 이끌어 가기 쉬워요.

내 마음의 주인이 나입니까?

내 마음의 주인이 마음입니까?

아~~이런 날 마음에 끌려 다니지 않을 수 있는

내 마음 지킴이, 내 마음 파수꾼은 어디 있나요?

바로 24시간 레이다를 켜고 나를 관찰하고 있는 나,

주인이 부를 때까지 기다리고 있는 '관찰 자아'가 있지요.

'관찰 자아'를 수시로 불러 올 수 있다면

우리는 '역할 자아'로 살다 실패해 두려움이 몰려올 때도

바로 알아차리고 '존재 자아'를 불러 올 수 있어요.

마음 파수꾼 '관찰 자아'를 불러 오는 법, 바로 '마음코트(COT)'입니다.

마음코트에서 코트란

'COT'의 줄임말로 Care, Observe, Try를 말합니다.

이 책에서는 세 가지 '마음코트(COT)'에 대해서 살펴볼 것입니다.

마음코트, '관찰 자아'는 '존재자아'를 불러오기 위해

3가지 마음코트 렌즈를 써요.

먼저 Care는 '내 감정을 돌보는 공감 돋보기'예요.

내 마음에는 누가 사나요?

생각, 감정, 욕구, 동기, 에너지 등 마음 가족들이 살고 있어요.

여러분은 내 마음에 화가 올라올 때 바로 알아차리나요?

친구를 좋아하는 마음보다

친구에게 화가 나는 순간의 마음을 표현하기가 어려워요.

그래서 화난 마음을 감추거나, 외면하며 살기 쉬워요.

그래서 지금 내가 화가 났는지, 아픈지 잘 모를 수 있어요.

내 화난 마음을 알아차리지 못하면 어떻게 될까요?

화난 마음 하나가 그 친구에 대한 좋은 생각, 감정들까지 다

안 좋은 느낌으로, 차갑게 느껴질 수 있어요.

시간이 갈수록 내 얼음 응어리는 커지고,

친구에게 말 안 해도, 감추어도 다 전해져요.

내 감정이 얼면, 내 관계, 내 삶까지 꽁꽁 얼어요.

감추면 감출수록, 더 커지는 게 상처 입은 감정이니까요.

내 마음에 작은 화, 작은 두려움이 왔을 때 피하지 않고,

바로 알아차릴 수 있다면 관계는 달라질 거예요.

화, 두려움이라는 감정을 피하지 말고, 알아줘요,

뭐가 그리 힘든지, 물어봐 줘요.

마음코트 '공감 돋보기'로 따뜻한 햇살 모아

꽁꽁 얼어 있는 화, 두려움을 따뜻하게 녹여줘요.

다음은 Observe, '나를 살펴보는 관찰 망원경'입니다.

꽁꽁 언 내 감정이 녹으면,

꽁꽁 언 내 생각도 녹기 시작해요.

드디어 생각이 전두엽에서 나를 돕기 위해 일을 해요.

나를 만나주고, 들여다 봐주려는 생각이 일해요.

나를 더 멀리까지 보기 위해(통찰) '망원경'으로 봐요.

내가 몰랐던 나를 만나 주고, 진짜 나를 알려줄 거예요.

쪼그라든 피해자, 자동 반응하는 내가 아니라

큰 나, 당당한 나, 주인공인 내가 비로소 보일 거예요.

Try는 나에게 매일 영양제 주는 '무지개 안경'입니다.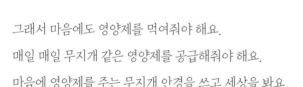

왜 어떤 사람은 작은 어려움에 바로 무너져 내리고,

어떤 사람은 큰 어려움에도 바로 벌떡 일어날까요?

내 마음에 면역이 있으면 빨리 일어설 수 있어요.

그래서 마음에도 영양제를 먹여줘야 해요.

매일 매일 무지개 같은 영양제를 공급해줘야 해요.

마음에 영양제를 주는 무지개 안경을 쓰고 세상을 봐요.

아픔은 피할 수 없지만, 확대하고 또 확대하는 고통은 줄일 수 있어요.

이제부턴 내가 꿈꾸는 삶, 살고 싶은 삶을 나에게 선물해요.

마음의 물병 채우기

내 마음은 여러 가지 색 모래가 담긴 물병입니다.

여러 가지 색 모래는 내 생각, 감정, 바램들이에요.

"매일 해야 할 일이 너무 많아요. 아무도 내 마음을 알아주지 않아요.

열심히 했는데 결과가 안 좋아요. 앞으로 어떻게 해야 할지 걱정이에요."

내 마음에 걱정, 근심, 두려움, 불안이 올라오면 내 마음의 물이 출렁 출렁 흔들리고 파도가 쳐요.

가라앉았던 색 모래까지 올라와 물이 흐려져요. 이 흐려진 물을 맑게 하려면 어떻게 해야 할까요.

그저 아무것도 안하고 5분만 멈춰 있으면 되요. 어느 새 색 모래도 밑으로 가라앉을 거예요.

흐려진 물이 맑고 고요해 질 거예요.

달리면 흐려지고, 멈추면 맑아지는 것이 마음이에요.

마음의 스트레스는 흐려진 색 모래 물병 같아요.

하루 종일 그 상태로 물을 흔들면, 내 마음은 이리저리 흔들리다 힘을 잃어요.

흔들리는 데 90%를 쓰고 10%로 살아가야 해요.

마음이 흔들리고 흐려지는 느낌이 올 때 아무것도 하지 말고 가만히 5분만 기다려 주세요.

눈을 감고, 주위에서 나는 소리, 향기에 집중해 보세요.

그러면 어지러웠던 생각, 감정도 차분히 가라앉아 쉴 수 있어요.

마음이 쉬어야, 마음의 힘을 회복해요.

• 요즘, 내 마음을 복잡하게 만드는 생각, 감정, 욕구(소망)는 무엇인가요?

• 마음이 가라앉아 생각, 감정, 욕구가 잠시 쉬고 있어요.
  흔들리던 마음이 멈추고 생각, 감정, 욕구도 잠시 멈춘다면 어떤 느낌일까요?

내 마음의 봄,
'마음코트'를 만나요

내 마음을 주도할 '관찰 자아'를 아세요?
누구에게나 '관찰 자아'가 있어요.

그러나 대부분 '관찰 자아'를 몰라요. 쉽게 만나지도 경험하지도 못해요.
두렵고, 불안한 '역할 자아'로 평생을 살아요.
그렇다면 '관찰 자아'는 어디서 만날까요?
내 마음이 쉬고 있을 때, 현재에서만 만날 수 있어요.

마음은 과거, 현재, 미래의 시간에 살아요.
마음이 과거와 미래로 가면,
이미 가버린 과거, 오지 않은 불안한 미래에
내 마음의 90%를 쓰게 되요.
마음은 자책, 후회, 걱정, 불안으로 곧 지쳐요.
남은 10%로 현재의 일상을 살아가야 해요.

남은 10%로 사는 일상은 얼마나 힘이 들까요?

곧 짜증, 피곤으로 마음의 악순환이 일어날 거예요.

마음이 지금 이 순간, 현재에 있으면
내 호흡, 내 목소리, 내 움직임이 다 느껴져요.
내 호흡, 내 목소리, 내 움직임이 느껴질 때
생각도, 감정도, 바램도 잠시 멈추고 마음이 쉴 수 있어요.
마음이 쉴 때만 '관찰 자아'를 만날 수 있어요.

내 마음이 쉴 때 '관찰 자아'가 찾아와요.
'관찰 자아'는 지금 어떤 생각, 감정, 바램이 올라왔는지 알아차려요.
변치 않는 나, 빛나는 내 '존재 자아'를 불러오거나
'역할 자아'에 빠져 쪼그라든 나를 보살펴 줄 수 있어요.

과거와 미래에 마음 쓰느라 지친 나,
오늘은 천천히 호흡하고 걸으며 잠시 쉬어요.
내 안의 '관찰 자아'를 불러와 나를 돌봐요.

'관찰 자아'는 이미 나에게 있는 나에요.

바삐 살던 내가 잊어버린 나입니다.

내 안의 '관찰 자아'를 '마음COT'로 쉽게 만날 수 있어요.

생각이 많아지면 현재를 알아차리지 못해요.

생각이 많아지면 과거, 미래에 집중해요.

너무 과거에 집착하면 후회, 자책이 늘고

너무 미래에 집착하면 불안, 두려움이 늘어나지요.

반대로 현재를 살면 생각이 줄고, 몸의 감각이 늘어납니다.

현재를 살면 후회, 두려움을 멈출 수 있어요.

현재를 살면 내 마음을 원하는 곳으로 데리고 갈 수 있어요.

내 마음의 현재를 만나게 할, '마음코트'입니다.

과거와 미래에 마음 쓰느라 지친 나,
오늘은 천천히 호흡하고 걸으며 잠시 쉬어요.

내 마음이 달려가는 곳

❶ 혹시 내 관심이 과거나 미래에 멈추어 있었다면, 오늘은 오롯이

　"현재의 나"만을 생각해 봅니다.

❷ 아래의 질문에 답해보고 나를 돌아보는 시간을 선물하세요.

나의 요즘 관심은 과거, 현재, 미래의 어떤 일로 달려가나요?

과거

현재

미래

이 때 나의 감정이나 느낌은 어땠나요?

예) 지금 마음이 편안하구나. 답답한 느낌이네. 걱정이 많아지니 불안하구나.

지금 이 순간의 나를 가만히 살펴봅니다. 나는 어디에서 무엇을 하고 있나요?
과거나 미래로 가는 나를 알아차리면 바로 현재로 데리고 올 수 있어요.

과거와 미래의 나에게 지금의 내가 말을 걸어 주세요.
따뜻하게 힘주는 말을 해주세요.

내 마음의 봄,
'마음코트'가 주는 힘

지금 내 마음이, 아픈가요?

"예전보다 주의 집중이 어려워요, 기억력이 떨어졌어요,
 긍정적인 해석보다 부정적으로 해석을 하게 되요,
 몸이 여기저기 아프고 수시로 피로해요,
 작은 일에도 화나고 욱해요, 감정조절이 잘 안돼요."

복잡하고 부정적인 감정이 나를 힘들게 할 때가 많잖아요.
화나고 속상하고 슬픈 감정이 왜 생길까요.
늘 감사하고 따뜻하고 기쁘고 행복한 감정만 있으면 좋겠지만
감정이 나에게 오는 건 다 이유가 있을 거에요.

내가 이해받고 싶은 마음이 크구나.
나는 아주 존중받고 싶은 마음이 강하구나,
내가 바라는 걸, 감정이 알려주는 거에요.

바램이 충족되었다고,
또, 바램이 좌절되었다고
바로 그걸 알려주는 신호예요.

어떤 감정이라도 다 이유가 있어요.
나만의 특별한 욕구, 나다움을 알려주는 것이 감정이니까요.

너는 왜 이런 작은 일에 화를 내니?
너는 왜 이 까짓 일에 슬퍼하니?
그런 말을 나에게 하고 있나요?
부족한 나라서 죄책감을 느끼나요?
전혀 아니에요.

나다움을 알려주는 신호,
내 소망과 욕구, 나다움을 알려주는 바로미터.
바로 감정이랍니다.

하버드 의대 정신신체의학 연구실에서는
몸에 상처가 난 흰 쥐들을 모아 실험을 했대요.

그룹1 여럿이 함께   그룹2 혼자 있는 쥐   그룹3 혼자 지내는데
                                                           솜 하나 넣어 준 쥐.

세 그룹 중 여럿이 있는 쥐의 상처가 가장 빨리 나았고
그 다음이 혼자 있는데 솜을 넣어준 쥐였어요.
마지막으로 혼자 있던 쥐가 회복을 했어요.

우리도 똑같아요. 지금 내 마음이 아픈가요?
우리도 누군가와 마음을 나눌 수 있을 때,
이해 받고 공감 받을 때 가장 빨리 회복이 되요.
하지만 사람이 살다보면, 내 마음은 아픈데,
누구에게도 말할 용기가 없는 날, 말하고 싶어도 말할 사람이 없는 날,
차라리 말하고 싶지 않은 날이 있어요.
그런 날, 마음속 두려움도 나에게 말을 걸어요.

알아주지도 않을 텐데 말해서 뭐해?
말했을 때 나를 더 무시할지도 몰라.
솔직히 말하면 오히려 더 힘들어 질 거야.

아무도 나를 도와주지 않을 것 같아!
아무도 나에게 관심이 없는 것 같아!
나만 힘들게 사는 것 같아!

내 편이 아무도 없는 것만 같아! 나는 이 세상에 혼자인 것 같아!

마음 아픈데 혼자라 느끼는 날,
나는 어떻게 해야 할까요?

혼자 있는 나에게, 혼자 있고 싶은 나에게
마음을 안아 줄 폭신폭신한 솜이 필요해요.
내가 나에게 솜을 선물해요,
마음의 솜 '마음코트'를 선물해 주세요.

내 마음을 어디에도 나눌 수 없다면
내 감정, 욕구의 압력은 점점 커져 언젠가 터지고 말거예요.
누르고 감추는 데도 마음은 에너지를 써야 해요.
결국 내 삶에 써야 할 마음 에너지를 나도 모르게 다 써버리게 되요.

점점 마음이 힘을 잃어, 마음 에너지가 방전되면 나도 모르게
내 주변 가장 편안한 사람에게 폭발할 거예요.
작은 일에 소리 지르고, 화내고, 짜증 낼 거예요.

그런 날,
내가 사랑하는 엄마, 아빠를 아프게 할 수 있고
내가 사랑하는 아들, 딸을 아프게 할 수 있어요.

내 마음을 잘 안아줘야
내 사랑하는 이들이 아프지 않아요.
나도 모르게 누군가를 아프게 하는 건

홀로 되었다 느끼는 내 마음의 두려움 때문이에요.

그래서 내 마음이 아프다 신호를 보낼 때 빨리 알아차려야 해요.

내 마음이 아프면 어떻게 알아차릴까요?

마음은 제일 먼저 몸으로 신호를 보내요.

나 좀 도와달라고요.

나 좀 알아차려 달라고요.

내가 좀 아프다고요.

마음이 아플 때, 내 몸이 말하는 신호를 느껴본 적 있나요?

갑자기 화가 날 때, 말 할 수 없어 참아야 할 때, 내 마음을 전하지 못할 때.

혹시 뒷목이 뻐근한가요?

얼굴이 화끈거리나요?

가슴이 답답한가요?

소화가 안 되나요?

머리 한쪽이 콕 콕 쑤시듯 아픈가요?

마음이 아픈 순간, 평소보다 느리게, 천천히 10번 심호흡을 하고

내 몸의 신호를 느껴보는 거예요.

내 마음이 아프다는 신호가 느껴질 거예요.

콕콕 쑤시는 통증으로, 화끈거림으로, 답답함으로, 묵직함으로, 뻐근함으로…

" 내 마음이 지금 아프다고 말하고 있구나."

" 내가 화났다고 말하고 있구나."

" 내가 수치심을 느끼고 있구나."

내 마음을 보고 있는 '관찰 자아'를 불러와

내가 내 마음을 안아줄 수 있어요.

내 마음을 돌보는 솜을 선물할 수 있어요.

마음이 원하는 말에 귀 기울여서 들어주고, 살펴주면

내가 무엇에 힘들어 하는지, 무엇을 원하는지 자세히 알게 돼요.

눈 녹듯이 마음의 얼음이 녹을 거예요.

이 세상에 단 한사람,

내가 나를 사랑해주길 원한다면

나를 깊이 바라보는 시간이 필요해요.

나를 깊이 이해하는 시간이 필요해요.

나를 깊이 안아주는 시간이 필요해요.

내가 내 마음을 안아주는 것만으로도

감추고, 누르는 데 써야 할 마음을 나에게 쓸 수 있어요.

사랑하는 이들을 편안하게 대할 수 있어요.

무의식에 얼은 마음을 저장하지 않으니 삶이 점점 편안해질 거예요.

내 마음을 안아주는 선물, '마음코트'입니다.

깊이 바라보면 이해하게 되고, 이해하면 사랑하게 된다.
우리에게 하나의 질문이 있을뿐이다.
세상을 사랑하는가? 사랑하는 사람은 그냥 지나치지 않는다.

- 류시화, 새는 날아가면서 돌아보지 않는다. 중에서 -

고통 피하기, 고통 경험하기

살다보면 예기치 않은 어려운 일을 겪을 때가 있어요.

도전했던 일에 실패하고, 가까운 이들과 다툼이 생길 수도 있어요.

마음에 두려움이 몰려올 때, 그 고통이 너무 힘들다보니

우리는 가능하면 피하고 싶어 하고, 일단 외면했어요.

전자렌지에는 시간과 강약을 조절하는 다이얼이 있어요.

고통이 올 때마다 우리는 내 마음 속에 있는

이 다이얼을 최소로 돌려 짧고, 약하게 만들려 노력했어요.

하지만 아무리 다이얼을 돌려도, 잠시 고통이 줄 뿐

비슷한 상황이 오면 학습된 두려움으로 인해

오히려 고통은 더 커져요.

두려움은 피하면 피할수록, 결국 더 강력히 경험하고

마주할수록 오히려 줄어든다는 것을 잊지 마세요.

상황 사람들 앞에서 발표 불안이 유난히 큰 나예요.
독서모임에서 돌아가며 발표를 하는데, 내가 발표하는 날 부담이 크다보니
모임에 가지 않을 핑계를 찾아냈어요. 무사히 발표를 하지 않게 된 순간

- **나는 어떤 감정을 느낄지 선택해 보세요.**

  아~~다행이다.(안도감)　　vs.　　아~~어떻게 하지?(불안감)

- **나는 앞으로 '발표' 하는 일을 점점 더 어떻게 대할까요?**

  피한다.　　vs.　　도전한다.

- **앞으로 '발표'에 대한 두려움은 어떻게 될지 골라보세요.**

  강해진다.　　vs.　　약해진다.

(내가 체크한 '답'을 적어보세요)

발표 불안을 피하려는 마음의 스토리(생각, 감정, 욕구, 평가)는 무엇인가?

- 발표 못하면 무시당할지도 몰라.
- 발표는 유능한 사람의 기본이지.

- 발표 망쳤다고 느낄 때, 수치스러워.
- 못하는 발표를 하려니 조마조마해.

- 잘 하는 걸로 내 능력을 인정받고 싶어.
- 생각과 감정을 편안하게 전달하고 싶어.

- 나는 부족한 게 많은 사람이야.
- 나는 원래 발표에 재능이 없어!

〈 마음의 스토리 안에 있는 나 〉
(역할 자아)
• 발표를 못하는 수치스러운 나
• 발표를 못하는 부족한 나
• 잘 하는 것이 없는 나

〈 마음의 스토리 밖에 있는 나 〉
(존재 자아)
• 지금 여기에서 용기를 내는 나
• 있는 그대로의 나를 사랑해주는 나
• 발표 못해도 괜찮은 나

"기꺼이 경험하려 하지 않으면, 점점 더 강하게 경험하게 될 것이다."

지금까지의 방식, 고통을 피하는 다이얼, '나 통제법'은 효과가 없어요.

마음의 스토리가 만든 쪼그라든 '역할 자아'를 알아차리면 조절할 수 있어요.

요즘 내가 느끼는 반복적 불안, 두려움은 무엇인가요?

그 불안, 두려움을 벗어나기 위해 해 온, 행동 습관이 있나요?

요즘 내가 느끼는 반복적 불안, 두려움은 무엇인가요?

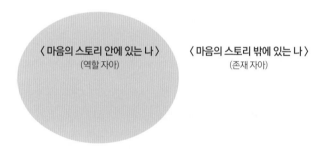

〈 마음의 스토리 안에 있는 나 〉
(역할 자아)

〈 마음의 스토리 밖에 있는 나 〉
(존재 자아)

두려움에너지 자아, '역할 자아'로 10년을 산다면 나의 미래 모습은?

사랑에너지 자아, '존재자아'로 10년을 산다면 나의 미래 모습은?

'마음코트'로 내 마음을
토닥토닥 안아주세요

자존감이 높은 사람을 관찰해 봤나요?

자존감은 멈춤에 있어요.
멈추지 않으면 자존감을 계속 유지하기 어려워요.
멈춘다는 건 나를 돌보는 시간을 말해요.
하루에 10분이라도 나를 돌봐야 해요.

자존감이 낮으면 나와 남을 구분하기 힘들어요.
어떤 게 내 마음인지, 네 마음인지 몰라요.
어떤 게 내 문제인지, 네 문제인지 몰라요.
그래서 세상 모든 자극에 다 반응해요.
특히 부정적인 일들에 수시로 흥분하고
길을 가다가도 위험한 사건만 내 눈에 띄고,
안 좋은 일이 자꾸 보이고 느껴져요.

그만큼 내 두려움 에너지가 강하기 때문에
비슷한 두려움에 자꾸자꾸 반응하는 거예요.
내 안에 부정적 에너지와 두려움이 가득 차 있다면
비슷한 것이 계속 달라 붙어요.

내가 편안하고 따뜻하고, 자존감이 높을 때는
편안함, 따뜻함에 반응하고, 자존감 높은 사람이 끌려요.
내 안에 있는 것들이 내 주의를 끌어요.
긍정적인 것들에 내가 반응해요.

내 마음을 먼저 돌보는 게 최고의 봉사에요.
내 마음 아픈 날은 좀 쉬어요.
누구보다 돌봄을 받아야 할 사람은 나니까요.

자존감은 세 가지로 발달해요.
존재감, 자존감, 자기자비에요.
존재감은 쓸모를 떠나 내가 살아있음이 가치 있다고 느끼는 거예요.
내가 뭘 잘하지 못해도, 나를 소중히 여겨주는 한 사람이 나에게 존재감을 줘요.
내가 살아있음, 존재함에 대한 기쁨이 존재감이에요.
그리고 그 존재감이 모여 자존감이 되는거에요.
자존감은 잘하거나 못하거나 나를 존중하는 힘입니다.
잘 하던 못 하던 다 괜찮은 상태이지요.
그 다음이 자기 자비감입니다.

어떤 상황이 와도 나를 평가하지 않고

누구나 고통과 아픔을 겪는 게 삶의 과정이라고

나를 내가 끝까지 연민의 마음으로 안아주는 거예요.

내 마음이 아픈가요?

내 마음이 얼음 되어 차가운가요?

겨울 같은 마음에 봄 같이 따뜻한 햇살,

따뜻한 솜 같은 '마음코트'로 녹여줄게요.

무의식적 감정에 끌려 다니는 '역할자아'를 멈추게 하고

의식적 알아차림을 주는 진짜 내가 있어요. 그게 '관찰 자아'예요.

마음이 녹으면 나를 바라보고, 선택하게 하는

내 존재의 파수꾼 '관찰 자아'를 만날 수 있어요.

이제 내 안의 '관찰 자아'를 '마음COT'로 쉽게 만나 보아요.

자존감이 높은 사람을 관찰해 봤나요?
자존감은 멈춤에 있어요.
멈추지 않으면 자존감을 계속 유지하기 어려워요.
멈춘다는 건 나를 돌보는 시간을 말해요.
하루에 10분이라도 나를 돌봐 주세요.

나의 자존감 점수는? 사티어 자존감 검사지

다음 문항들을 읽고 현재 자신의 상황과 적합한 설명이라고 생각되는 문항에 해당

되는 점수를 체크해주세요.

(1=자주 그렇다. 2=가끔 그렇다. 3=중간이다. 4=거의 그렇지 않다. 5=전혀 그렇지 않다.)

번호	항 목	1	2	3	4	5
1	나는 변화가 두려워 익숙한 것을 선택한다.					
2	나는 거부당할까봐 표현을 잘 못한다.					
3	나는 도움이 필요할 때 다른 사람들에게 요청할 수 있다.					
4	나는 사회적으로 성공해야 인정을 받는다고 생각한다.					
5	나는 나 자신의 조그마한 실수도 용서하기 힘들다.					
6	나는 타인과의 갈등을 만족스럽게 해결한다.					
7	나는 과거에 잘못한 것들에 대해 곰곰이 생각하곤 한다.					
8	나는 누가 나의 잘못을 지적하면 인정하기 힘들다.					
9	나는 가족들과 좋은 관계를 맺고 있다.					
10	나는 나 자신을 몰아붙이듯 일한다.					
11	나는 자신에 대해 부정적인 말을 많이 한다.					
12	나는 삶을 열정적으로 산다.					
13	나는 높은 지위를 얻어 사람들로부터 인정을 받고자 한다.					
14	나는 결단력이 부족해서 기회를 놓치곤 한다.					
15	나는 내 안에 생명의 에너지가 존재한다고 믿는다.					
16	나는 다른 사람에 대해 비판적 이다.					
17	나는 다른 사람과 자신을 비교한다.					
18	나는 자신을 있는 그대로 받아들인다.					
19	나는 조금이라도 상황이 안 좋으면 최악의 상황이 일어날 것이라 생각한다.					

20	나는 돈을 많이 소유함으로써 나의 가치를 인정받고자 한다.					
21	나는 다른 사람과 친밀한 관계를 잘 맺는다.					
22	나는 외모에 자신이 없다.					
23	나는 내 자신의 한계를 받아들인다.					
24	나는 겉으로 드러나는 것으로 다른 사람의 인정을 받으려 한다.					
25	나는 어려운 일이 닥치더라도 잘 헤쳐 나갈 수 있다.					
26	나는 완벽해야 한다.					
27	나는 삶을 잘 살 수 있는 자원이 있다.					
28	나는 모든 사람의 사랑과 인정을 받아야만 한다.					
29	나는 스트레스 상황에서도 자신을 잘 표현한다.					
30	나는 문제를 직면하기보다 회피하려한다.					
31	나는 일이 내 뜻대로 되지 않아도 행복할 수 있다.					
32	나는 나의 불행은 다른 사람의 잘못 때문이라고 생각한다.					
33	나는 더 나은 삶을 위해서 나 자신이 변화되어야 한다고 믿는다.					
34	나는 다른 사람들이 내가 원하는 것을 우선 충족시켜 주기를 바란다.					
35	나는 다른 사람들만큼 일을 잘 할 수 있다.					
36	나는 배우자 또는 자녀들이 내가 생각하는 모습과 비슷해지기를 바란다.					
37	나는 나 자신에 대해 대체로 만족한다.					
38	나는 모든 것들이 검지 않으면 희다고 생각한다.					
39	나는 상황이나 감정에 지배를 많이 받지 않는다.					
40	나는 과거에 잘못한 것이 많아 미래도 잘 안 될 것 같다는 생각이 든다.					

❶ 역채점 문항 : 3,6,9,12,15,18,21,23,25,27,29,31,33,35,37,39는 역채점 문항 (1점=5점, 2=4점, 3점은=3점, 4점은=2점, 5점은=1점)으로 환산합니다.

❷ 일반문항의 점수와 역채점 문항 환산점수를 더하여 총점을 계산합니다.

❸ 자존감 수준을 평가해 봅니다.

90점 이하	91-120점	121-180점	181점 이상
낮은 자존감	조금 낮은 자존감	보통정도의 자존감	높은 자존감

부족하고 실수투성이인 나를 안아줄 수 있어요.

사람은 누구나 부족함, 실수를 경험하며, 고통을 느끼며 살아가요.

부족함을 경험해도, 실수를 경험해도, 고통을 경험해도 괜찮아요.

사람이기에 겪는 경험이니까요.

잘 했을 때나 못했을 때나, 그대로 다 괜찮은 나예요.

우리의 온전함은 완벽함이 아니랍니다.

부족함과 실수를 품은 온전함이에요.

그래서 나는 이미 온전하고 소중한 사람입니다.

내 마음을 녹일 선물 하나, '공감 돋보기'

마음코트 1단계

▒ 마음코트 첫 번째 선물, '공감 돋보기'로 마음 녹이기

무의식적 감정에 끌려 다니는 '1단계 자아'를 멈추고
의식적 알아차림인 '2단계 자아'를 불러올 수 있는 진짜 내가 있어요.
그게 '관찰 자아'입니다.
마음이 녹으면 나를 바라보고, 선택하게 하는
내 존재의 파수꾼 '관찰 자아'를 만날 수 있어요.
내 안의 '관찰 자아'를 '마음코트'로 쉽게 만나요.

요즘 생각만 해도 답답한 사람이 있나요?
어떤 상황에 욱하고 화가 치밀어 오르나요?
말할 수 없는 상황이라 화를 마음속으로 쑥 밀어 넣었나요?

불편한 내 감정은 마음속에 들어간 얼음덩어리 같아요.
시간이 갈수록 내 생각, 내 믿음까지 꽁꽁 얼게 만들어요.
얼음덩어리 하나가 마음 여기저기를 얼게 하니
모든 일이 다 힘들게 느껴지고 하기 싫고,
사람이 다 밉고 보기 싫어요.

마음이 얼어버리면, 내가 경험하는 세상도 얼어버려요.
얼어버린 세상에서 살아가려니 순간순간 추워요.
추위를 피하는 데 내 에너지를 많이 쓰게 되요.
내 에너지 90을 마음에 써야 하니, 원하는 것을 못해요.

내 마음이 얼어버리면, 10으로 살아가는 것과 같아요.

그래서 내 삶이 점점 더 힘들어져요.

갑자기 불안이 스물 스물 올라오고, 가슴이 답답한가요?

불편한 내 감정으로 얼음 된 내 마음을 알아차렸나요?

내 마음 속 얼음이 더 커지기 전에 녹일 수 있어요.

🔍 마음코트 1단계 '공감 돋보기'를 준비해 주세요.

'공감 돋보기'로는 내가 알아차린 화, 불안, 두려움의 얼음을 녹일 수 있어요.

따뜻한 햇볕을 '공감 돋보기'에 모아

마음 속 얼음이 다 녹을 때까지 비춰줘요.

마음 속 얼음이 녹으면, 내가 경험하는 세상에 따뜻한 봄이 와요.

따뜻한 세상에서 살아가니 순간순간 평온해요.

내 에너지를 마음에 쓰지 않아요.

내 에너지 90을 원하는 곳에 쓸 수 있어요.

내 마음의 봄이 오면 내 삶은 점점 더 쉬워져요.

내 마음이 겨울일 때 바로 '공감 돋보기'로 녹여요.

내 마음의 봄을 만들 수 있는 힘이 나에게 있어요.

이제 나는 추운 겨울이 와도, 곧 따뜻한 봄이 옴을 믿어요.

■ 마음코트 두 번째 선물, 관찰 망원경으로 마음을 들여다 봐주세요.

마음 얼음이 녹아야, '관찰 자아'를 만나게 돼요.
'관찰 자아'를 더 쉽게 만나기 위한 선물,
마음코트의 '관찰 망원경'이에요.

높은 곳에서 '관찰 망원경'으로 마음 세상을 살펴보면
누가 손님인지, 누가 주인인지 바로 알게 되요.
누가 변하는지, 누가 변하지 않는지 바로 알아차릴 수 있습니다.
생각, 감정, 믿음, 욕구는 수시로 찾아오는 손님이고,
여러 손님을 맞이하는 주인인 내가 있음을 깨닫게 되요.

관찰 망원경을 끼고 마음 세상을 들여다봐요.
어떤 손님이 나를 자주 찾아오는지,
주인인 나는 어떻게 손님을 맞이하는지 보여요.
마음 세상에 찾아오는 여러 손님들이 보여요.
내 감정의 기차, 생각의 기차, 욕구의 기차도 보여요.
내 감정의 기차를 바라보니,
100개도 넘는 감정들이 칸칸마다 앉아 있는 게 보여요.

'아, 오늘 아침에 분노 칸에 탈 뻔했구나, 어제 아침에 짜증 칸에 탔었구나!'
짜증 칸에 올라타는 순간 나는 짜증이랑 한 팀이 되는 거예요.
내가 선택한 감정과 한 팀이 되면
내가 그 칸에서 내릴 때까지 다른 감정은 안 보여요.
그저 내가 짜증, 화, 분노인 줄 알고

두려움, 불안에 마음에 얼음을 뿌리게 되요.

마음이 생각, 감정, 욕구의 기차 중
어느 한 칸에 타서 주인처럼 힘을 쓸 때
'마음 동일시'가 일어났다고 해요.
마음은 원래 내가 아니랍니다.
마음은 기차처럼, 구름처럼 지나가는 손님이에요.
출근하다 지갑을 잃어버려 당황하고 화가 났다면,
화나고 당황한 감정이 나일까요? 손님일까요?
화라는 기차에 올라타 점점 마음을 얼게 한 건 누구인가요?
어떤 감정, 생각, 욕구도 다 손님입니다.

저 사람이 지금 너무 미워 얼음이 생길 때
미운 감정에 푹 빠지면 미움이 점점 커져 주인이 돼요.
미움이 지나가는 손님인 줄 알았으니 잘 대접해 보내요.
미움이 지나가면 고마움도 오고, 이해 손님도 올거예요.

손님과 주인을 알아차리게 하는 마음코트!
관찰 망원경이 있으니 걱정 말아요.
얼음 손님과 얼음으로 하나 된 나, '동일시하는 나'에서
얼음 손님을 따뜻하게 바라보는 나, '분리하는 나'를 만나요.

생각, 감정, 욕구라는 마음은 그냥 손님이에요.
마음 너머에 있는 나, 마음을 보는 나, 나는 마음보다 큰 존재!
비, 바람, 햇살 손님을 맞이하는 넓은 하늘 같은 나.

그 하늘이 진짜 나란 걸 기억해요.

아무리 마음이 꽁꽁 얼어도,
아무리 마음에 주룩주룩 비가 내려도,
하늘은 그 마음을 다 품어줄 수 있어요. 내가 나를 녹일 수 있어요.

▧ 그리고 마지막으로 추운 내 마음을 안아줄 세 번째 마음코트 선물,
　무지개 안경이 있어요.

작은 일에도 크게 상처를 받나요?
요즘 들어 내 삶이 전보다 힘들다고 느끼나요?

내 생각, 감정, 욕구가 사는 마음
매일 매일 하루 한번, 영양제 먹듯 돌봐야 해요.
마음을 돌보지 않으면, 면역이 떨어져 상처를 쉽게 받아요.
마음에도 면역이 필요해요.
때로 먹구름이 오고, 주룩주룩 비가 내려 하늘이 안 보이는 날도
빨주노초파남보, 일곱 빛깔 무지개를 품은 하늘이 그 너머에 있음을 기억해요.

몸에 영양제 주듯 내 마음에도 매일매일 영양제를 주세요.
마음이 쉽게 얼지 않게, 매일 따뜻한 물을 부어주세요.
매일 나에게 작은 기쁨을 선물하세요.
매일 나에게 오늘도 잘 살고 있다고 말해주세요.

매일 나에게 너라서 좋다고 참 좋다고 말해주세요.

매일 나에게 내가 먼저 힘을 주세요.

소진공감 •
마음도 몸도 쉬고 싶어요

화가 나는 순간 내 마음을 자책하고 있나요?

'내가 많이 부족해서 그렇구나.
저 사람은 저렇게 잘 해내는데
나는 아무래도 부족한 게 많은 것 같아…'

아니면 내 화가 어디서 왔는지 들여다보고 있나요?

'혹시 존중받고 싶은 마음이
지금 토닥여 달라고 나에게 말을 거는 걸까?'

내 마음을 피하지 않고, 들여다 봐주기만 해도
내 마음은 원래 모습을 회복해요.
그러니 어떤 상황에서도 나를 자책하지 말아요.
밖을 보고 비교할 때, 불안함이 점점 커지고

안을 보고 안아줄 때, 안전함이 점점 커집니다.

나를 돌볼 수 있는 힘을 나한테 먼저 써 주세요.
뇌는 자동화 시스템입니다.
쓰면 쓰는 대로 길이 나지요.
부정적인 쪽으로 자꾸 쓰면 계속 욱하는 사람이 됩니다.
사랑과 연민을 나한테 먼저 써 주세요.

사랑과 연민의 힘은 멈춤에서 나와요.
매일 나를 멈추는 5분을 만들어요.
그리고 바쁜 중에 잠깐이라도 내 마음을 관찰해 주세요.
안아주고 챙기는 시간을 의도적으로 만들어주세요.
그 작은 시도가 점점 나를 돌아보게 해요.
점점 내 마음을 명확히 알아차리게 되고 그 마음을 안아주게 될 것입니다.

내 마음을 관찰해 주세요

최근에 내가 가장, 힘들었던 순간을 떠올려 보세요.

원 안에 그 일, 그 힘들었던 순간을 쓰고, 원 밖에는 그 때 내 감정은 어땠는지,

생각나는 대로 자유롭게 적어주세요. 그림으로 그려도 좋습니다.

A4용지 1장을 준비해 주세요.

위에 쓴 최근 가장 힘들었던 내 감정을

나타내도록 A4용지로 표현해 주세요.

A4용지를 구기거나, 접거나, 구멍을 뚫거나

다 좋아요. 내 힘들었던 감정을 A4용지로

상징적으로 표현했다면 제목을 붙여 보세요.

예시)

제목 : <u>역할로 버티는 나</u>

내 마음은 무엇을 말하고 있나요?

그 안에 엉켜있는 나. 그리고 말하고 싶은 나를 표현했다.

항상 겉으로는 괜찮은 역할의 모습을 보여주려고 하지만

사실은 그 안에 엉켜있는 것들이 아주 많은데 이제 표현할 수 없는 상태이다.

말할 수 없는 상황들이 너무 많이 있었던 것 같아서. 그 감정들 속에는

진짜 내 모습인 것도 있겠지만 사실은 겉으로 보여 지는 것들 전부가 아니고

말하지 않는다고 해서 내 진심이 아닌 것도 아닌데 답답하다.

제목 :

내 마음은 무엇을 말하고 싶어 하나요?

아픈 내 마음, 나눌 사람이 없어요

너무 힘든 날 누구라도 붙잡고
"나 오늘 너무 힘들었어." 말 한마디 하고 싶은데
그렇게 하면 조금 괜찮을 것 같은데, 대화할 사람조차 없는 날이 있어요.

그 가슴을 안고 삭이다 잠이 드는 날이면
그냥 외롭게 떨고 있는 거죠.

울고 싶은 날 울지 못하고,
웃고 싶은 날 웃지 못해 마음이 아파요.
마음에 비가 죽죽 내리는 날, 누굴 붙잡고 울고 싶은 그런 날.
어떻게 나를 돌볼 수 있을까요?
그런 날 마음코트가 있음을 기억해요.
내가 나를 돌봐 주는 거예요.

마음의 상처는 어떻게 치유되나요?

존중받고 싶은 마음이 좌절될 때 서운함이 올라와요.
이 서운함을 1차 감정이라고 해요.
이 1차 감정을 표현할 수 없어 누르거나 감추면
누군가에게 화, 짜증, 욱을 전달할 수 있어요.
이때 감정을 2차 감정이라고 해요.
내 1차 감정이 뭔지 알아차리고 돌보지 않으면
누군가는 나의 2차 감정의 희생양이 될 수 있어요.
보통 힘이 약한 사람에게 그 감정을 전달하게 되고,
내가 가장 사랑해주어야 할 사람들을 아프게 하는 내가 될 수 있어요.
나는 수시로, 누군가를 아프게 하는 사람이 되는 거예요.

내 감정을 돌봐주어야 하는 이유는
내가 평온해야 내 주변의 사람들이 평온하기 때문이에요.

우리 감정은 관심 가져주지 않으면
산불이 산을 태우듯 관계를 태워버려요.
감정이 우리의 관계를 태워버릴 수 있어요.

나무로 내 마음을 표현해 봐요.
뿌리에는 나의 원하는 바램, 욕구가 숨어있어요.
줄기에는 1차 감정이, 가지와 열매까지 2, 3차 감정으로 발전해요.
1차 감정을 알아차리고, 잘 돌봐 주는 것이 중요해요.

나는 내 감정을 사랑할 거예요.

내 감정 그대로 인정해줄 거예요.

어떤 상황이어도 나는 내 감정을 이해해 줄 거예요.

내 감정을 돌봐 줘야 할 때 '공감 돋보기'가 필요해요.

공감 돋보기의 또 다른 이름은 '이의인정' 돋보기입니다.

왜 '이의인정 돋보기' 일까요?

이는 감정에 **이**름 붙이기!

이름을 붙이는 것만으로도 감정 얼음의 25%는 녹아요.

의는 감정 뒤에 숨은 **의**도 알아차리기!

의도(욕구, 소망, 바램)를 알아차려주면

나의 진심을 이해받았기에 또 얼음 25%가 녹아요.

인은 그 감정이 사람이라면 당연히 느끼는 보편 타당한 감정임을 **인**정해주기

나 혼자 이런 감정이 드는 게 아니라 누구라도 그럴 수 있음에 안심, 또 안심,

내가 이상하고, 나만 부족해서 그런 게 아니구나 알게 되면

여기서 얼음이 또 25%녹아요.

정은 감정이 오감으로 체험되도록 시간을 두고, **정**성으로 머물러 주기!

예전 상처, 지금의 상처 모두를 녹일 수 있는 건 오감으로 발산하고,

체험하는 기회를 충분히 가질 때에요. 내가 나에게 정성 다해 머물러 주고,

남에게도 요청하실 수 있어요. 여기서 다시 얼음 25%가 녹아요.

최근에 내가 느낀 불안, 두려움, 슬픔 등의 감정을 떠올려 봅니다.
그 때 내가 느낀 감정을 '감정 선인장'에 표현해 보세요. 일단 뿌리부터 시작해요.

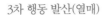

3차 행동 발산(열매)

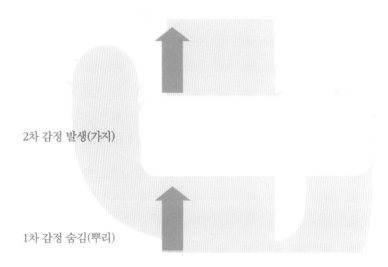

2차 감정 발생(가지)

1차 감정 숨김(뿌리)

1차 감정 발생(줄기)

바램, 욕구좌절(뿌리)

이의인정 공감 돋보기로 내 감정 녹이기

❶ 오늘은 '이의인정' 돋보기로 얼음 감정을 돌봐줍니다.

❷ 내 감정의 이름을 붙여주세요. 그리고 그 이유를 말해보세요.

❸ 오늘 내 마음이 아픈 일이 있었다면 그 일과 만나서 내 마음을 다독여줍니다.

이의인정 돋보기는 나에게 무엇인가요?

돋보기는 나에게 행운이다.

돋보기는 나를 찾아가는 길이다.

돋보기는 치유에서 성장으로 가는 길이다.

돋보기는 우리의 비밀무기다.

돋보기는 내가 나를 알아가는 선물이다.

돋보기는 나에 대한 너그러움이다.

돋보기는 나를 사랑하는 것이다.

돋보기는 내 마음을 들여다보는 것이다.

돋보기는 지금 내가 숨 쉬고 있는 것과 같은 호흡이다.

돋보기는 대일밴드다.

돋보기는 나에게 후시딘이다.

돋보기는 나에게 주는 자가 치유 코튼 솜이다.

돋보기는 나만의 심폐소생법이다.

이의인정 공감 돋보기 활동 예시

나에게 있던던 일 적기

이: 1차 감정 이름붙이기 예) 눈물이 날만큼 섭섭했구나.

의: 1차 의도 알아차리기
예) 소중한 사람으로 존중 받고 싶었구나. 그래서 섭섭했구나.

이: 2차 감정 이름붙이기
예) 화나서 갑자기 소리를 질렀구나. 짜증이 나서 잔소리를 했구나.

의: 2차 의도 알아차리기
예) 네 섭섭함을 말하고 싶었구나. 네 섭섭함을 이해받고 싶었구나. 존중 받고 싶은
마음을 알아주길 바랐구나. 존중받고 싶은데 말하지 못하다보니 화나고, 짜증이 났구나.

인: 보편타당성 인정해주기
예) 그래 그럴 수 있어! 속마음을 누르니 화나고 짜증이 났을 거야.
너만 그러는 게 아니야. 누구라도 그 상황에서 섭섭하고, 화나고, 짜증이 났을 거야.

정: 정성으로 머물러주기 예) 누구나 잘 하려고 해도 실수하지. 어쩔 수 없이
예상치 못한 일이 생길 수 있어. 그동안 얼마나 불안했니? 내가 이제 널 이해해 줄게.
시간이 가면 다 잘 될 거야. 너는 어제보다 더 나아지고 있어!

지금 감정에 이름붙이기

불안공감 •
사랑하고 싶은데 두려워요

사랑하고 싶은데

열정을 다하고 싶은데

나는 왜 수시로 무너질까?

왜 이렇게 작은 실패도 두려울까?

우리 마음 속 깊은 곳에는

성장의 욕구와 안전의 욕구가 싸우고 있어요.

성장하고 싶지만

무의식에서 안전감을 못 느끼고 있다면 어떻게 될까요?

안전의 욕구가 성장의 발목을 잡을 수 있어요.

사람은 생존이 더 우선이기 때문에 '불안정하다 혹은 생존의 위협을 받는다'

고 느끼면 성장을 멈추고 살기 위해 몸부림 칠 수 있어요.

안전하지 않다는 느낌은 두 가지로 나타나요.

불안을 일시적으로 해소하기 위한 것에 집착하거나
성장의 동기나 목적이 사라져버려요.

반대로 우리가 누군가에게 존중받는다고 느끼면
안전의 욕구가 채워져 성장으로 달려가지요.
도전하고 용기를 내서 뭔가를 할 수 있는 원동력이 생기게 되요.

마음은 내가 중요시 여기는 것에만 집중합니다.
지금 불안정하다고 느끼면 다른 곳에 집중할 수 없어요.
무의식중에라도 안전하다고 느껴야 성장을 향해 달려갈 수 있답니다.

오늘은 나를 불안하게 만드는 것들을 모두 떨쳐내고
내 불안감을 따뜻하게 안아주세요.
내일은 오늘보다 힘껏 도전할 수 있는 용기를 얻게 될 거에요.

이의인정 공감 돋보기로 내 불안 녹이기

❶ 오늘은 '이의인정' 돋보기로 내 불안함을 따뜻하게 안아줍니다.

❷ 최근에 내가 불안했던 순간을 떠올려 보세요.

❸ 그 순간에 불안했을 나를 따뜻하게 안아 주세요.

❹ 아래의 이의인정 돋보기로 깊이 안정감을 전해 주세요.

　나를 깊이 들여다보고 만나주세요.

이의인정 공감 돋보기

나에게 있던던 일 적기

이: 1차 감정 이름붙이기

의: 1차 의도 알아차리기

이: 2차 감정 이름붙이기

의: 2차 의도 알아차리기

인: 보편타당성 인정해주기

정: 정성으로 머물러주기

지금 감정에 이름붙이기

역할공감 •
내 역할이 너무 많아요

혹시 '페르소나'라는 말을 들어보셨나요?

페르소나는 내가 쓰는 나의 역할의 가면입니다.

또는 사회적인 역할 가면이지요.

나는 몇 개의 역할로 살고 있나요?

나는 몇 개의 페르소나를 가지고 있나요?

나는 딸, 아내, 엄마이면서 직업인입니다.

한 모임의 리더이며 학생이며, 연구자입니다.

많은 사람들이 이렇게 역할을 계속 바꿔가면서 하루를 보내고 있습니다.

우리 모두 하루에 몇 개의 역할을 소화하고 몰입하면서 살아갑니다.

하지만 역할 하나 해내는 것도 만만치는 않을 거예요.

쌓여있는 일들을 보면 어떤 마음이 드세요?

'내가 이걸 다 어떻게 해내지?'

'내가 다 할 수 있을까?'

'과부하 걸려서 답답해요, 너무 부담스러워요.'

'완벽을 요구받는 느낌이에요'

'끝이 없다. 해도 해도 끝이 없다.'

'나는 어디 있지? 진짜 나는 어디 있지? 이게 진짜 나일까?'

'사는 게 왜 이렇게 힘들지?'

이런 질문들이 내 안에서 불쑥 불쑥 떠오를 거예요.

이 사회적인 역할을 주로 살다보면 역할이 내 삶을 지배하게 될 수 있어요.

진짜 나는 쪼그라드는 거죠.

내가 점점 축소되면서 작아진 내 존재를 너무 외면하면

몸이 먼저 알아차리라고 여기 저기 아플 수도 있어요

아픈 몸도 다 이유가 있는 거예요.

지금 나에게 요구되는 역할은 얼마나 많은가요?

역할로서의 삶이 굉장히 커졌을 때,

이게 진짜 나인지, 저게 진짜 나인지 헷갈릴 때 가면우울증, 공황장애가 와요.

진짜 나를 보여줄 수 없는 삶이기에,

몸과 마음이 힘들다고 무의식으로 신호를 하는 거예요.

그래서 공황장애를 겪는 것입니다.

이런 순간에 오히려 나를 자책하고 엄격하게 나를 비난하면

이미 아픈 나를 내가 또 공격하는 거예요.

이미 일을 하다 쓰러진 나를, 역할을 완수하다가 쓰러진 나를
내가 또 공격하면 이중 공격입니다.
사람이 자기로부터 이중 공격을 당할 때 우리 마음은 무너질 수밖에 없습니다.

역할을 모두 완수 하다가 쓰러진 나를 내가 따뜻하게 돌봐줘야 돼요.
내가 어떤 역할을 하다가 조금 과도해지고
힘들면 내려놓을 수도 있어야 해요.

'여기까지만 하자. 70%도 괜찮아!'

그런 마음을 내가 먼저 토닥여야 하는 이유는
마음이 아픈 진짜 이유를 알게 되기 때문이에요.
지금 다소 부족하고 늦어도
잘하려고 노력해 왔고, 최선을 다해왔기 때문에 인정해 줄 수 있어요.
그럼 그 역할에 대한 부담감이 다소 줄어들면서 내 마음이 숨을 쉴 수 있어요.
내가 나를 돌보기 해주는 그 순간이 나를 찾아주는 시간이지요.

누구나 다 그런 순간이 있어요.
힘들다는 감정은 누구에게나 자연스러운 거에요.
저는 이렇게 말해주고 싶어요.

'얼마나 힘들었니? 버티느라 애썼어'

수많은 역할 속에서 오늘도 숨이 턱 막히는 순간이 있지만

나를 위로할 수 있는 것도 오로지 나입니다.
그것들을 공감해주고 인정해줄 수 있는 것도 "나"라는 사실을 기억하세요.

내가 나의 마음을 알아줄 때 나는 힘을 얻어
벌떡 일어나고 또 내 친구의 마음을 내가 알아차려 줄 때
그 친구가 벌떡 일어난다는 거 잊지 않을게요.

오늘도 나에게 공감 돋보기로 마음을 녹여줍니다.
지금 많이 힘들지?

친구에게 보내는 편지

"친구에게 살갑게 하는 말들, 나에게도 하고 있나요?"

오늘은 내 역할 옆에서 숨죽이고 있는 '진짜 나'를 깊이 보살펴주세요.

사회에서 역할(딸, 엄마, 직장인 등)로 살며 힘들었던 순간을 적고,

공감돋보기로 힘들었던 마음을 녹여주세요.

1. 아래의 상황을 읽고 나는 친구에게 어떻게 말해줄 수 있을지 적어보세요.

2. 반대로 내가 저 친구의 상황이었다면 어떤 마음이었을지 생각해 봅니다.

오늘 오랜만에 친한 친구가 나에게 전화를 걸어 왔어요.

"친구야, 벌써 12월이네. 벌써 올 한해도 다 갔네. 생각해보니 나이는 먹어가는 데 내 인생에서 이룬 것은 없고, 마음이 불안하고, 우울해. 괜히 게임하는 아들한테 갑자기 화내고, 짜증냈어. 다들 원하는 꿈을 이루며 빛나게 앞으로 달려가는 것 같은데 나는 점점 더 뒤로 쳐지는 것 만 같고, 나도 나름대로 열심히 살아 왔는데 한 게 없는 거 같아. 그렇다고 여유가 있는 것도 아니고, 해야 할 일은 점점 늘어만 가고….

남들은 주어진 일 다 척척 해내며 하고 싶은 것도 하는 것 같은데… 난 왜 이렇게 모든 게 버겁고, 힘든지 모르겠어. 엄마, 아내, 딸, 직업 다 헉헉대고 있어. 아직도 헤매는 것 같아 불안하고 우울해…. "

나는 이 친구에게 어떻게 힘을 줄까요? 어떻게 공감의 말을 해줄 수 있을까요?

그 친구에게 전한 따뜻한 공감을 나에게도 그대로 해 주세요.

누구도 알아주지 않는 삶, 너무 힘들어요

한 사람의 삶에는 두 가지의 시간이 있어요.
보이는 시간, 보이지 않는 시간이지요.

보이는 시간은 크로노스라고 해요.
누구에게나 주어진 24시간, 물리적 시간이지요.
보이지 않는 시간은 카이로스라고 해요.
내 마음 속에서 만드는 의미의 시간, 주관적 시간이지요.

내가 원하는 삶,
나다운 삶을 사는 시간은 언제 일까요?

우리는 의미있는 시간을 보낼 때 행복하고 살아있음을 느껴요.
모든 사람은 카이로스의 시간 속에서 살기 원해요.

누군가를 사랑하고 용기를 주는 시간,

누군가를 가슴에 품고 이해하는 시간,
누가 뭐라고 해도 내겐 소중한 시간이지요.
사람은 카이로스의 시간 속에서
나와 너로 만나 사랑을 체험하고, 의미를 체험해요.

나는 지금 사랑하는 사람을 위해 보이지 않는 시간을 쓰고 있나요?
내가 들인 노력과 시간과 정성은 어떤 의미가 있을까요.

때로 세상은 그런 시간을 알아주지 않을 지도 몰라요.
네가 하는 일이 뭐가 대단하냐고, 남들도 이 정도는 한다고,
너만 유난히 힘들어 하느냐고요.
엄마라면 모두, 연인이라면 다 이 정도는 한다고요.

'알아주지도 않는 일이 나에게 무슨 의미가 있을까?'

어쩜 그 시간을 내 스스로도 알아주지 않을지 몰라요.
어쩜 그 시간이 더 힘들고, 때로 좌절할 지도 몰라요.
한 사람에게 보이지 않는 카이로스의 시간을 쓴다는 것은
때로 성장보다 실패를 마주할 때가 많으니까요.
홀로 마음 아픈 시간, 혼자 움츠리는 시간,
보이지 않는 시간을 아프게 보낼 수도 있어요.

아무도 알아주지 않는 시간,
그래서 때로 아픔이 될 수 있는 카이로스의 시간은 나에게 무엇인가요?

그 누구도 알아주지 않는 보이지 않는 시간이지만
카이로스의 시간은 알아줌 너머에 있어요.

나의 시간을 주변 사람에게 쓰는 사람은 평온해요.
나의 시간을 주변 사람에게 쓰는 사람은 따뜻해요.
나의 시간을 사람에게 쓰는 사람은 끝내 행복져요.
그 시간이 내가 진정 원하는 의미있는 삶이기 때문이에요.
그 시간이 진짜 나, '큰 나'의 시간이기 때문이에요.

내가 원하는 삶,
나다운 삶을 사는 시간은 언제 일까요?

'이의인정 공감 돋보기'로 내 시간 녹이기.

보이지 않는 시간을 살아가는 나, 아무도 모르는 시간을 살아가는 나.

홀로 마음 아팠던 내 마음을 '이의인정 공감 돋보기'로 녹여줍니다.

부모님이 심각한 교통사고로 입원하다보니, 교실에서 불안해하고, 의욕이 없는 한 여자 아이에게, 나는 내 시간을 많이 쓰고 있다. 부모님의 보살핌을 못 받는 동안 나라도 아이의 마음에 용기를 주고, 안정감을 주고 싶었다. 그 아이와 쉬는 시간 일부러 불러서 눈을 맞추어 주며 말을 걸고, 오후에는 학습에 있어 부모가 해줄 수 없는 시간까지 찾아주는 마음으로 고민상담도 해주었다. 아이가 외로워 할까봐 가끔 안부전화도 하고, 쪽지도 써 주고, 이런 저런 마음을 쓰며 약 한 달이 지났다. 엎드려만 있던 아이가 가끔 웃기도 하고, 먼저 다가와 내게 말을 걸 때 내 마음도 흐뭇하다.

엊그제 1년 간의 학교생활 자기 평가서를 내는데 '수업 시간, 업무, 상담, 회식…' 내가 지나간 시간 동안 정성들이고, 마음 쓴 시간을 묻는 질문은 어디에도 없었다. 그저 숫자 몇 개를 쓰고 달랑 한 장에 1년이 정리되었다. 숫자 몇 개로 끝난 자기 평가서를 부장님께 내고 돌아서는 데 뭔가 모르게 마음이 답답하고 의기소침해지는 나를 느꼈다. 누구에게도 내 마음을 이야기하지 못하고 퇴근했다. 집에 귀가해 딸아이가 거실 한가득 책을 어질러 놓은 걸 보니 갑자기 짜증이 확 났다. 결국 딸아이에게 소리를 지르고, 화를 내게 되었다.

이의인정 공감 돋보기

나에게 있던던 일 적기

이: 1차 감정 이름붙이기

의: 1차 의도 알아차리기

이: 2차 감정 이름붙이기

의: 2차 의도 알아차리기

인: 보편타당성 인정해주기

정: 정성으로 머물러주기

지금 감정에 이름붙이기

오늘은 나도 시인

❶ 오늘은 진심을 담아 내 이야기로 시를 완성해 보는 시간입니다.

❷ 시의 뒷 구절을 적어보면서 나 자신을 돌이켜 생각해 주세요.

❸ 마지막으로 나의 시에 딱 맞는 제목까지 완성해주세요.

보이지 않는 시간을 살아가는 나

묵묵히 (   )는 위대하다.

보이지 않는 시간을 살며 (   )는 위대하다.

묵묵히 (   )는 위대하다.

보이지 않는 시간을 살며 (   )는 위대하다.

묵묵히 (   )는 위대하다.

보이지 않는 시간을 살며 (   )는 위대하다.

묵묵히 (   )는 위대하다.

보이지 않는 시간을 살며 (   )는 위대하다.

보이지 않는 시간을 사는 한 사람   권영애

보이지 않는 시간
보이지 않는 시간을 사는 사람이 있다.
알아주는 이 없어도, 관심 가져 주는 이 없어도
평생을 보이지 않는 시간을 사는 사람이 있다.
생명은 원래 보이지 않는 시간에서 자란다.
밤새 내린 비에 민들레가 꽃을 피우고
아무도 모르는 달빛의 시간을 거쳐 참나무가 자란다.

보이지 않는 시간을 사는 한 사람이 있다.
알아주는 이 없어도, 관심 가져 주는 이 없어도
평생을 보이지 않는 시간을 사는 한 사람이 있다.
평생 보이지 않는 시간, 아이들을 돌본 내 엄마는 위대하다.
평생 보이지 않는 시간, 가족을 사랑한 내 아빠는 위대하다.
평생 묵묵히 어린 영혼을 돌본 한 사람은 위대하다.

평생 보이지 않는 시간을 살며 생명을 돌본 한 무명교사는 위대하다.

때때로 보이지 않는 시간을 쓸 때 내 맘 같지 않은 현실에 외로운가요?
그 사람이 내 마음을 몰라주어 답답한가요?
그만 시간을 써야겠다고 마음먹으며 속상한가요?
그럴 때 가만히 나를 안아주세요. 내가 나를 안아주는 공감 돋보기를 꺼내 주세요.
나만의 카이로스의 의미를 알아차려 주세요.
그런 카이로스를 쓸 수 있는 나의 특별함을 안아주세요.
묵묵히 나의 카이로스를 잘 살아내실 수 있을 거예요.

우리 인생에서 '성장'은 무엇인가요?
노력할 수 있는 부분과
노력했음에도 어쩔 수 없는 부분을 받아들이는 게
바로 성장입니다.
성장은 모든 문제를 해결하는 게 아니라 '받아들임'에 있습니다.

내 마음을 보여줄 선물 하나, '살핌 망원경'

마음코트 2단계

다음은 Observe, '나를 살펴보는 관찰 망원경'입니다.

꽁꽁 언 내 감정이 녹으면, 꽁꽁 언 내 욕구가 녹고,

꽁꽁 언 내 생각도 녹기 시작해요.

드디어 생각이 전두엽에서 나를 돕기 위해 일을 해요.

나를 더 멀리까지 보기 위해서는 '망원경'으로 보아야 합니다.

내가 몰랐던 나를 만나 주고, 나를 알려줄 거예요.

쪼그라든 피해자, 자동 반응하는 내가 아니라

큰 나, 당당한 나, 주인공인 내가 보일 거예요.

내 몸 살핌 •
몸에서 마음이 쉬어요

내 마음이 아파 꽁꽁 얼어붙은 날,
마음코트 '공감 돋보기'로 햇빛을 모아
차가운 얼음을 녹이듯 따듯하게 비추어 녹여 주었나요?

나의 마음은 상처에 집중하기보다 내 마음 깊숙한 곳에 있는 햇빛으로
내 상처를 안아주고, 싸매주고, 토닥여줄 때 빨리 아물 수 있습니다.
어떤 상황에서도 나는 나에게 햇살을 비출 힘이 있어요.
원래 나는 햇살을 가지고 있으니까요.

화날 때, 이유 없이 슬플 때, 외면하지 않고 마음코트 '공감 돋보기'로
꼭 안아주고 나면 내 안의 더 큰 힘을 불러올 수 있을거에요.

욱하고 화낼 때는 쓸 수 없는 힘, 내 안의 엄청난 마음
바로 관찰자아의 힘이에요.
관찰자아를 불러오면 내 마음이 세상을 어떻게 느끼고 해석하는지 볼 수 있어요.

관찰자아를 불러오면 내가 보지 못한 것들을 찾아내고,

느끼지 못했던 것을 느끼게 해 줄 거예요.

이제 나를 더 깊이 사랑하는 마음코트 2단계,

내 마음의 엄청난 힘, '살핌 망원경'을 쓰고 나의 관찰자아를 만나 보아요.

몸과 마음, 면역과 뇌는 다 연결되어 있어요.

불안하고 두려운 마음에 화가 날 때, 마음과 몸은 점점 얼어 버려요.

뒷목, 어깨, 머리, 배까지 아플지도 몰라요.

이때 나를 공감 돋보기로 따뜻하게 안아주거나,

잠시 멈추어 '살핌 망원경'을 써보세요.

천천히 10번 숨을 들이쉬고, 내쉬어요.

천천히 호흡하며 숨이 넘나드는 느낌에 잠시 집중해 보세요.

우리는 기분에 좌지우지되어 원치 않는 말을 쏘아댄 후,

'내가 왜 그랬을까' 자주 후회를 해요.

사실 내 마음도 살려고 그러는 거예요.

불안하고, 안전하지 않다고 느껴서 그러는 거예요.

뇌에서 안전감이 먼저라고 외치는 거예요.

"안전하지 않아!"라고 뇌와 무의식에서 외치는 그런 외침을

내가 알아차리지 못하기에, 화를 폭발하기 쉬워요.

화가 올라와 참을 수 없을 때, 천천히 호흡하고, 잠시 하늘을 보고, 걷고,

다른 소리를 듣고, 다른 것을 만지고, 다른 향기를 맡고, 차를 마신다거나

잠시 화내던 곳에서 벗어나 몸을 움직이게 되면 어떤 일이 일어날까요?

그러면 마음이 몸으로 들어옵니다.

불안하고 화난 내 마음도 잠시 멈출 수 있게 됩니다.
오감을 쓰거나, 몸을 움직이는 게 고삐 풀린 마음을 멈추게 하는 길이니까요.

내 자의로는 어느 순간에 갑자기 세상을 바꾸지 못해요.
그러나 내 관심의 주의와 초점을 바꿀 수는 있지요.
화가 막 올라왔을 때 잠시 생각을 멈추고 호흡하며 오감의 느낌에 집중해 보세요.

내가 보고 있는 하늘, 컴퓨터 자판의 느낌, 타닥타닥 소리,
내 발가락에 닿는 바닥의 느낌, 부드러운 음악, 꽃향기 등….
가만히 보고 느끼는 거예요.
과연 어떤 일이 일어날까요?
내 관심과 주의가 호흡, 오감의 느낌에 집중되었을 때,
바로 내 마음이 있는 곳이 생각이 아니라 몸이 되요. 마음 세상이 바뀌어요.

내 마음 세상을 몸으로 바꾸어 주는 것, 그것이 마음 챙김이에요.

마음 챙김은 이렇게 몸의 느낌, 호흡, 오감에 집중하는 거예요.
마음을 쉬게 하고, 마음을 보살피는 시간,
오감 안에서 마음은 순해져요.
내가 폭발한 마음에 끌려가지 않고
판단하고, 비교하고, 평가하지 않게 되요.

욱하고 화가 날 때 바로 기억하세요.
'지금 내 마음이 어딘가로 달려가고 있구나'

'내 마음을 멈추게 도와주어야 겠구나'
'힘든 마음을 잠시 쉴 수 있게 내 몸으로 데리고 와야지' 라고요.

오감으로 집중하는 것, 바로 마음을 쉴 수 있게 돕는 지름길입니다.

이의인정 공감 돋보기로 내 불안 녹이기

❶ 눈을 감고 '오이'를 떠올려 보세요

오이지, 오이무침, 시원하다. 아삭 소리. 초록.

여름. 오이소박이. 오이소박이.

❷ 입으로 소리내어 오이를 말해주세요.

오이오이오이 멈출 때까지

오이오이오이오오이오이이오이오이오이 더 빨리요

오이오이오이오이오이오이오이오이 그만.

❸ 오이를 빨리 발음할 때 무엇이 생각났나요?

또, 오로지 뭐에 집중할 수 있었나요?

오이, 오이 말하고 발음하는 거. 발음하는 거에만 집중하셨지요.

아무 생각도 안 나고 입의 움직임과 오이 소리만 신경 썼지요?

그렇죠. 바로 그거에요.

우리의 감각이 한 가지에 집중하면 머리로 오는 생각은 바로 스톱하게 됩니다.

우리 마음의 작업대에는 한 번에 하나 밖에 못 올라가요.

내가 나의 몸의 느낌, 오감에 집중하면 생각도 감정도 다 멈춥니다.

여기 지금 몸 감각, 오감에서 만나는 세상은 또 다른 평온한 세상입니다.

오감으로 집중하는 것,
바로 마음을 쉴 수 있게 돕는 지름길입니다.

내 몸 살핌 •
몸이 거는 말을 관찰하기

주의력, 초점을 내 몸으로 돌리면

따뜻함, 부드러움, 살아있음이 느껴져요.

가만히 느껴보세요. 가만히 만져보세요.

내 숨소리도 느껴지고 피부에 감촉도 느껴지지요.

주의력, 초점을 내 호흡으로 돌리면 숨이 나가고 들어감,

어깨가 올라가고 내려감, 가슴이 열리고 닫힘, 두근거림이 느껴져요.

그 느낌을 느끼는 순간 내 생각, 감정은 멈추고 내 마음도 쉬어요.

긴장되었던 내 마음이 이완이 되어요.

내가 나를 돌보는 아주 쉬운 방법은 마음을 챙겨주는 것입니다.

길이 막힐 때에도, 운전을 하면서도 동시에 발을 느껴주며

'그래, 운전 잘하고 있네. 그래 발이 살아있구나.'

'내가 모르는 사이에 내 발이 운전을 하고 있었구나.' 라고

발에게 말을 걸어주는 거예요.

그러고 나면 지금 바로 여태까지 몰랐던 발의 움직임이 느껴져요.

또 발로 운전하면서 손의 느낌까지 느껴 보세요.
'그래, 손이 이렇게 하고 있었구나.'
'위, 아래로 힘을 줬구나. 손·발이 동시에 느껴지네'
'오 잘하고 있어. 집중 잘 하고 있네.'
이게 바로 일상의 마음 챙김이랍니다.

유난히 내 마음이 아팠던 날
몸이 분명히 어딘가로 신호를 했을 거예요.
내 몸에 온 마음의 신호를 아픈 부위에 표시해 주세요.

예를 들면 나는 짜증이 나면 뒷목이 아파.
그러면 뒷목 부분을 어루만져 주세요.
나는 불안한 날은 여기 왼쪽 머리가 아파!

그 아픈 왼쪽 머리 부위를 어루만져 주세요.

그리고 그 부위를 집중해 토닥여 주세요.

그 부위를 느껴주는 것만으로도 치유가 됩니다.

그래, 오늘은 짜증이 났구나, 목도 많이 아팠구나.

그래, 불안했구나, 오른쪽 머리도 많이 아팠구나.

그래, 피곤했구나, 어깨 부위가 많이 아팠구나.

그래 내가 토닥여 줄게.

고생 많았어.

내가 관심 주지 못했어. 미안해.

그 부위의 느낌에 관심을 가져 주세요. 느껴주세요.

몸을 느껴주는 것만으로도 마음은 쉴 수 있고, 정신은 치유가 됩니다.

내가 나를 돌보는 아주 쉬는 방법은
마음을 챙겨주는 것입니다.

자주 부정적인 생각이 들어요. '생각 유리병' 만들기

살다보면 직장에서, 여러 사람이 함께 하는 순간에 나도 모르게 부정적 생각이 떠오를

때가 있습니다. 혹시 그냥 억누르고 무시하나요? 아니면 감정으로 발산해 표현하나요?

부정적 생각을 표현할 수 없어 억누르거나 적절하지 않은 방법으로 표현하게 되면 나의

삶에 부정적 영향을 줄 거예요. 때론 후회로, 때론 상처로. 이제부터 〈생각통〉에 모아

관찰해 보세요. 내가 만들어 낸 부정적 해석이 실감나게 느껴지실 거예요.

❶ 부정적인 생각이 떠오를 때 마다 바로 포스트잇이나 작은 종이에

　　부정적인 생각을 적습니다.

❷ 적은 생각을 상자나 통 안에 바로 넣습니다.

❸ 일주일에 1회, 매일 1회 등 한꺼번에 유리병에 든 종이를 개봉합니다.

❹ 한 장씩 읽어가며 '이 내용이 사실이었나?' 계속 묻고 또 물어 확인합니다.

내 생각 살핌 •
사실과 해석을 알면 덜 아파요

어느 날, 내 마음의 '집' 안에 손님이 들어왔어요.
생각이라는 손님이 까만 두려움 옷을 입고 들어왔어요.
내가 이 두려운 손님이 손님인지 모르면 어떻게 될까요?
내 집을 통째로 다 내주게 됩니다.

그럼 손님은 올 때 마다 내 집을 다 차지할 거예요.
내 마음을 다 가져가 까만 두려움 옷을 입혀 버릴 거예요.
손님이 와서 마음 도둑이 되는 것은 순식간입니다.

그러나 우연히 내 마음에 들어온 생각은 그냥 손님입니다.
잘 대접해 보내줄 손님입니다.

어느 날 호랑이가 산다고 소문이 난 숲 속에 토끼가 놀러갔어요.
나뭇잎이 흔들릴 때마다 토끼는 깜짝깜짝 놀랐어요.
작은 참새일수도 있지만 토끼는 무서운 호랑이가 나를 집어 삼키는 게 아닐까

극도의 두려움과 부정적인 생각이 몰려들었어요.
결국 토끼는 숲 속에 들어가지 못하고 입구에서 도망쳐 나왔답니다.

보이지 않는 손님이지만 호랑이는 토끼 삶의 주인이 되었어요.
혹시 수시로 내 삶의 주인이 되어
나를 두려움과 불안으로 흔들어 대는 생각 손님이 있나요?
이제부터 '살핌 망원경'을 쓰고 생각의 실체를 보러 가요.

생각은 선택적으로 주의를 기울여요.
생존 반응처럼 위험에 대해서는 아주 강력하게 반응해요.
생각은 생존, 안전, 보호가 우선이에요.
같은 일이라고 해도 부정적인 경험을 더 많이 저장하고,
긍정적 경험을 적게 저장하게 됩니다.
부정적인 느낌이 더 강력하기 때문이에요.

생각은 한 가지 사실을 볼 때 부정적인 쪽으로 해석을 부풀려요.
그렇기 때문에 이익보다는 손실에 더 아픔이 커요.
반면에 내가 얻은 것은 것에 대해서는 작게 해석하지요.

지금 내가 살아 있는 것 자체가 기적이고 큰 기쁨이에요.
내가 살아 있음이 최고의 긍정적 사건이고 기적인데
이 사실은 아예 보지 않아요.
살아 있음 너머 불편한 것에만 집중해 살지요.
작은 손실에 마음을 쓰고, 원망을 하고, 하루 종일 매달려요.

우리는 자신이 모르는 사이 사실은 10%만 보고, 해석 90%에 매달리고 살아요.

그러나 그게 과장된 해석이라는 인식은 하지 못해요.

손실에 민감한 생각은 나를 보호하기도 하지만,

자동적으로 부정적인 해석을 하고 살지요.

내 자신이 그렇게 살아가는 것을 수시로 알아차리는 것이 중요해요.

사실은 인생의 모든 일들이 사실 10%, 스토리가 90%이거든요.

그렇다면 나는 어떻게 살아가야 할까요?

나를 치유하는 힘은 어디서 올까요?

바로 사실과 스토리를 구분하는 힘에서 오지요.

'아, 이거 내가 만든 스토리구나' 그걸 알아차리는 힘이지요.

내 마음 마음코트 '살핌 망원경'을 쓰면 스토리가 더 잘 보여요.

사실과 해석된 스토리를 구분하면 마음이 평온해 져요.

그 스토리 90을 보는 힘을 회복 탄력성이라고도 해요.

그 힘이 바로 관찰하는 나, '관찰자아'입니다.

혹시 수시로 내 삶의 주인이 되어
나를 두려움과 불안으로 흔들어 대는
생각 손님이 있나요?

진짜 나는 관찰하는 힘 '관찰자아'

❶ 오늘은 '살핌 망원경'을 끼고 내 안의 '관찰자아'를 불러오는 활동을

해보겠습니다.

❷ 아래의 표에 O, X를 표시하고 사실과 사실이 아닌 것을 구분해 보아요.

나를 깊이 들여다보고 만나주세요.

사실에는 O, 사실 아닌 것은 ×로 표시해 주세요.

① 나는 걸었다		② 식당 음식은 다 맛이 있어		③ 애들은 말을 안 들어		④ 문제아가 있다	
⑤ 항상 늦어		⑥ 나는 예상했다.		⑦ 나는 믿는다.		⑧ 발표 시간은 피곤해	
⑨ 게으름뱅이		⑩ 느림보		⑪ 분노조절 장애야		⑫ 나는 만졌다	
⑬ 전혀 관심 없어		⑭ 분필을 들었다		⑮ 나는 늘 방학만 기다려		⑯ 쟤는 항상 저래	
⑰ 나는 그게 싫어		⑱ 열심히 안했잖아?		⑲ 나는 밥을 먹었다		⑳ 나는 웃었다	

정답 사실 : 1, 6, 7, 12, 14, 19, 20
스토리 : 2, 3, 4, 5, 8, 10, 13, 15, 16, 17, 18

1. 사실과 사실 아닌 것(스토리, 해석)을 구분해 보니 어떤가요?

2. 내 마음에 들어온 느낌은 어떤 것인가요?

나의 핵심 믿음 돌아보기 활동지

(아론벡의 인지치료에서 요약정리)

나의 핵심 믿음은?

믿음	내용	확인해보기 O	확인해보기 X
1. 수용	내가 사랑받지 못하면, 사는게 무슨 의미가 있지?		
	사람들은 나를 싫어할거야.		
	사람들은 나를 내가 부탁할 때 거절할거야.		
	아무도 나를 이해하지 못할거야.		
	비난을 한다는 것은 나를 거부하는 거야.		
	나는 항상 다른사람들에게 존중받아야 해.		
2. 능력	만일 실수한다면 나는 실패할 것이다.		
	성공하지 못한다면 의미 없는 인생이다.		
	인생은 오직 승자와 패자만 있다.		
	내가 하는 어떤 일이라도 잘 할 수 있어야 해.		
	나는 다른 사람보다 항상 잘 해내야만 해.		
	다른 사람들보다 못한다면 나는 부족한 사람이지.		
3. 통제	모든 것이 내 원하는 대로 되어야 해.		
	결코 실수하면 안 돼.		
	감정을 드러내면 안 돼.		
	내 문제를 해결할 수 있는 유일한 사람은 나야.		
	세상은 내가 원하는 대로 돌아가야 해.		
	완벽하게 하지 않으면 안 돼.		
4. 사회적 자아	나는 여러 사람 앞에서 처신을 못한다.		
	나는 대인관계에서 무능하다.		
	나는 인상이 좋지 않다.		
	내가 일을 잘 해야 인정받을 수 있어.		
	나는 항상 인정받아야 해.		
	인정받는다는 것은 나에게 중요한 일이야.		
	나는 일 잘 하는 사람으로 보여야 해.		
	다른 사람이 나를 싫어한다면 나는 견디기 힘들 거야.		
	다른 사람이 나게 대해 어떻게 생각하는지 중요해.		

	사람들은 다 뒷담화 하기 좋아해.		
	사람들은 속마음으로는 상대에 관심이 없어.		
	사람은 공격적이야.		
	내 결점을 있는 그대로 보여서는 안 돼.		
5. 관계	도움을 요청하는 것은 내가 약하다는 뜻이지.		
	사람들이 내 단점을 알면 나를 멀리할거야.		
	내 모습은 바꿀 수 없어.		
	세상은 공평해야 해.		
	세상은 믿을 수 없는 곳이야.		

O, X의 갯수를 보며, 자신이 무의식적으로 믿고 있는 핵심믿음을 점검해 보는 시간을 가져 보세요.

내가 경험한 감정과 핵심 믿음 돌아보기 부정적 감정이 떠오르는 일 하나를 생각해 보세요.

순서	내용	나의 믿음 돌아보기
1. 상황	어떤 상황이었나요?	
2. 감정	그 때 느낌 감정의 이름은?	
	강도는 1-10 중 어느 정도 인가요?	
3. 자동적 사고	그 감정을 느끼는 순간, 스치고 지나간 생각은?	
4. 핵심 믿음	그 생각에 영향을 준 핵심 믿음은 무엇인가요?	

내 마음의 무늬, 심리도식을 봐요

살면서 알게 모르게 상처받았던 감정들은 어디로 갔을까요?

누구에게도 말하지 못하고 끙끙 앓으면서
충분히 울고 웃지 못한 내 감정들은 다 어디로 갔을까요?

우리 감정은 외면하면 차곡차곡 그 감정기억들을 무의식에 저장해요.
고통이 클수록 다시는 그런 아픈 감정을 느끼지 않으려 준비해요.

우리의 생각에는 네 가지가 있어요.
먼저 내가 바로 알아차리는 '의식할 수 있는 생각들'이에요.
상처와 상관없이 떠오르는 여러 가지 생각이지요.

	의식할 수 있는 생각
	자동적인 생각
	핵심 믿음
	심리 도식

표현하지 못한 수많은 감정들이 모여 '자동적인 생각'을 만들어요.
이것은 마음코트 망원경을 끼고 살펴보면 알아차릴 수 있어요.

자동적 생각들
〈망원경으로 관찰할 생각〉

나는 타인으로부터 무시당한다는 생각을 자주 한다.

나는 타인 앞에서 실수하지 않을까 하는 생각을 자주 한다.

타인이 나를 싫어한다는 생각을 할 때가 많다.

타인이 나를 속이거나 이용할 것이라는 생각을 자주 한다.

타인이 나를 공격한다고 느낄 때가 많다.

타인이 나의 행동에 대해서 실망하거나 부정적인 평가를 한다고 느낄 때가 많다.

타인이 나를 공격적으로 대할 것이라는 생각을 자주 한다.

나는 대인관계 상황에서 다른 사람들로부터 소외되어 있다는 생각을 자주 한다.

내가 열등하고 무가치 하다는 생각을 할 때가 많다.

나를 솔직하게 내어 보이면 다른 사람들이 나를 우습게 생각할 것 같다.

-아론백, 인지적 오류

나를 더 멀리까지 보기 위해서는 높은 산에 올라가야 해요.

내가 몰랐던 나를 볼 수 있고, 나를 더 주변 상황에 맞게 알게 될 거예요.

쪼그라든 피해자, 자동반응 하는 내가 아니라

큰 나, 당당한 나, 주인공인 내가 보일 거예요.

핵심 믿음
〈무의식적 자동화 – 관찰이 어렵다〉

일을 잘 해야 인정받을 수 있어

나는 항상 잘 해내야만 해

다른 사람이 나를 어떻게 생각하는지 중요해

세상은 믿을 수 없는 곳이야

사람들은 다 뒤담화를 해

사람들은 속마음으로는 나에게 관심없어.

내 단점을 알면 나를 멀리할거야.

–아론백, 인지치료 중 일부 요약

다음으로 내가 의식해도 알 수 없는 '핵심믿음'이 있어요.

부정적인 자동 생각들이 반복되어 가지게 된 생각이에요.

부정적인 감정과 해결하지 않은 감정들에서 와요.

무의식에 있어 나는 알지 못해요.

마지막으로 내가 의식해도 알 수 없는

무의식 가장 깊은 곳에 핵심믿음 덩어리인 '심리도식'이 있어요.

심리 도식들
〈무의식적 자기대화〉

버림받음	사람들이 떠나는 게 두려워
불신	사람을 함부로 믿으면 안돼
수치심	난 왜 저렇게 못할까?
의존	혼자 일을 해내기 힘들어
불안	가난해 질까 봐 두려워
정서결핍	누구도 나를 보살펴 주지 않아
처벌	실수 하면 안돼, 대가를 치러야 해
실패	난 능력이 부족해
특권의식	사람들은 맞춰줘야 해
복종	부탁을 거절하는 게 힘들어
자기희생	내 권리를 주장하기 힘들어
승인추구	인정, 칭찬받기 위해 노력해
엄격기준	더 잘하려고 늘 노력해
정서억제	감정표현 안 하는 게 편해

-제프라임. 심리도식치료 요약

무의식적으로 일어나는 자기 대화, 부정적 스토리지요.
끊임없이 나에게 말을 걸고 나를 흔들어요.
하지만 나는 잘 알지 못해요.

우리는 상처받을 때 마다 자기와 세상에 대한 부정적인 느낌들을 다 모아
'핵심믿음'이나 '심리도식'을 단단하게 쌓아요.

비슷한 상처를 떠올리는 일을 만나면 바로 무의식 안으로 들어가지요.
무의식 속 '핵심믿음'과 '심리도식'에 영향을 받다보니
전과 비슷한 부탁에 더 까칠하게 반응하거나 더 심하게 거절해요.

그럼 관계는 단절되고 악순환이 되고 말아요.
거절 받은 사람은 무시당했다고 느끼거나, 존중받지 못했다고 느끼고
반대로 상대는 거절을 잘 못하기에 원하지 않는 것을 해주고 후회를 하지요.

나의 핵심믿음을 알면
요청도, 거절도 편안하게 할 수 있어요.
인생에 사실은 10%이지만 내가 만든 부정적 스토리는 90%에요.
내가 만든 핵심 믿음, 핵심 스토리는 무엇인가요?
그 일은 사실인가요? 내가 만든 부정적 스토리인가요?

인생에 사실은 10%이지만
내가 만든 부정적 스토리는 90%에요.

긍정적 자기 대화 '나야도식'

❶ 오늘은 부정적 자기 대화인 '심리도식' 대신 긍정적 자기 대화 '나야행사도식'을
   무의식에 저장할 거예요. '나야행사도식'으로 일어난 일을 해석해 볼게요.

❷ 하루에 1번 의도적 긍정 해석으로 무의식을 정화할 수 있어요.

❸ 그동안 나도 모르게 하고있던 자동적, 부정적 해석 습관이 멈출 거예요.

'나야행사' 도식

나야행사 일어난 일에 대한 자동적, 부정 해석을 멈추고,
          의도적, 긍정 해석으로 삶의 균형을 잡아요.

구나   망원경을 들고 산 위로 올가서 나 자신과 상대방의 생각, 감정,
          의도를 멀리서 바라본다. 예) 네 생각, 감정, 의도가 ○○구나.

거야   나 자신과 상대에 대해 역지사지의 마음을 가지고 들여다본다.
          긍정적 시선으로 해석한다.
          예) 아마 ○○○ 어려움 때문일 거야. ○○○하고 싶었을 거야.
             내가 모르는 ○○○가 있을 거야.

다행   일어난 일 속에서 다행인 측면에 대해 찾아 적는다.
          예) 그래도 ○○○해서 다행이야.

감사   일어난 일 속에서 감사한 측면에 대해 찾아 적는다.
          예) 그래도 ○○○해서 참 감사해.

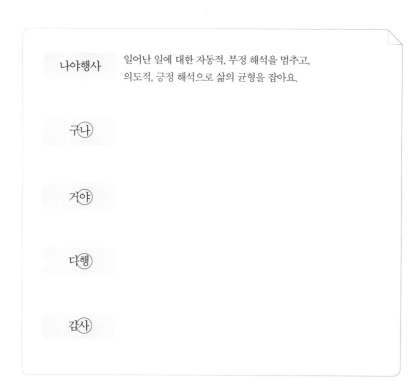

나야행사   일어난 일에 대한 자동적, 부정 해석을 멈추고,
의도적, 긍정 해석으로 삶의 균형을 잡아요.

구나

거야

다행

감사

'나야행사'로 해석해보니 나의 마음에 어떤 느낌이 드나요?

잠깐! 내면아이의 3가지 욕구표 체크해보기

(존 브래드쇼, 오제은 역 〈상처받은 내면아이 치유〉 발췌인용)

내면 아이를 돌아보는 질문들

번호	정체성	Yes	No
1	새로운 일을 시작하려고 계획할 때마다 걱정되거나 두렵다.		
2	모든 사람이 좋아하는 멋진 사람이지만 나 자신에 대한 확신은 없다.		
3	반항적이며 다른 사람과 다툴 때 살아 있다는 것을 느낀다.		
4	숨겨진 나 자신의 깊은 곳에서 무언가 내게 잘못된 것이 있다고 느낀다.		
5	나 자신이 마치 창고와 같아서 아무것도 내다버릴 수 없다.		
6	남자로서 혹은 여자로서 부족하다고 느낀다.		
7	성별에 대해 혼란스럽다.		
8	나 자신을 두둔하면 죄책감이 느껴져 차라리 다른 사람 편을 드는 게 낫다.		
9	새로운 일을 시작하기가 어렵다.		
10	일을 끝내는 게 어렵다.		
11	자기만의 생각을 가져본 적이 거의 없다.		
12	자신의 부족함에 대해 계속해서 스스로를 비판한다.		
13	나 자신이 자주 죄 많은 사람이라고 생각하고 지옥에 갈까 봐 무섭기도 하다.		
14	아주 엄격하고 완벽주의 기질이 있다.		
15	한 번도 내가 능력이 있다고 생각한 적이 없고 제대로 일을 해본 적도 없다.		
16	진정으로 원하는 것이 무엇인지 모른다는 생각이 든다.		
17	완전한 성취자가 되기 위해 나 사진을 통제한다.		
18	성적으로 매력적이지 못하면 아무것도 아니라는 생각이 든다. 혹시 나 사진이 멋진 연인이 되지 못하면 버림받거나 거절당할까 두렵다		
19	인생이 공허하다. 대부분의 시간 동안 우울하다.		
20	나 자신이 누구인지 정말 모르겠다. 나의 가치가 어느 정도인지 어떤 것에 대해 내가 어떻게 생각하는지도 모르겠다.		

번호	기본적인 욕구	Yes	No
1	언제 피곤하고, 배고프고, 흥분하는지 등의 신체적 욕구에 무감각하다.		
2	다른 사람들이 나한테 손대는게 싫다.		
3	정말로 원하지 않을 때라도 종종 성관계를 한다.		
4	예전에 혹은 현재 섭식장애가 있다.		
5	구강성관계를 좋아하고 집착한다.		
6	무엇을 느끼는지 잘 모른다.		
7	화가 났을 때 나 자신이 부끄럽다.		
8	화를 잘 내지 않지만, 화가 났을 때는 아주 격노한다.		
9	다른 사람들이 화를 내는 것이 무서워 무엇이든 하려고 한다.		
10	눈물이 날 때 자신이 부끄럽다.		
11	겁이 날 때 자신이 부끄럽다.		
12	별로 좋지 않은 감정은 거의 표현하지 않는다.		
13	항문 성관계에 집착한다.		
14	가학적이거나 자기학대적인 변태 성관계에 집착한다.		
15	자신의 신체적인 기능이 부끄럽다.		
16	수면 장애가 있다.		
17	포르노영화를 보는 데 비정상적으로 많은 시간을 보낸다.		
18	다른 사람들을 자극하기 위해 자신을 성적으로 보이려 한 적이 있다.		
19	어린아이에게 성적 매력을 느끼지만 그것을 행동으로 보일까 봐 걱정이다.		
20	음식 또는 성관계가 나의 가장 큰 욕구라고 믿는다.		

번호	정체성	Yes	No
1	기본적으로 나 자신을 포함해서 다른 사람들을 믿지 않는다.		
2	예전에 혹은 지금 중독자와 결혼했다.		
3	관계에 있어서 너무 강박적이거나 통제적이다.		
4	중독자이다.		
5	관계에서 고립되어 다른 사람들, 특히 권위자를 무서워한다.		
6	혼자 있는 게 싫기 때문에 그러지 않기 위해 무엇이든 하려고 한다.		
7	다른 사람들이 내게 기대한다고 생각되는 걸 하고 있는 자신을 발견하곤 한다.		
8	어떤 상황이든 분쟁을 피한다.		
9	다른 의견에 싫다고 말해본 적이 거의 없으며, 그들의 제안에 따라야 할 것 같다.		
10	지나친 책임감을 느낀다. 그래서 혼자보다는 다른 사람들에게 관여하는 게 편하다.		
11	다른 사람의 부탁을 교묘하고 간접적이며 소극적인 방법으로 거절한다.		
12	다른 사람들과 다투고 나서 어떻게 해결할지 잘 모른다. 그래서 상대방을 눌러버리거나 아예 포기해 버린다.		
13	이해하지 못하는 부분에 대해서도 거의 해명을 요구하지 않는 편이다.		
14	종종 다른 사람들이 무슨 뜻으로 말을 했는지 추측하고 대답한다.		
15	부모님 중 어느 한 분과도 가깝다고 느껴본 적이 없다.		
16	사랑과 연민을 혼동하고 동정이 가는 사람을 사랑하는 경향이 있다.		
17	누군가 실수하면 그것이 자신이든 다른 사람이든 비웃는다.		
18	아주 쉽게 그룹의 규칙에 따른다.		
19	나는 아주 경쟁적이며 불쌍한 패배자다.		
20	제일 큰 두려움은 버림받는 것이기 때문에 관계를 유지하기 위해서는 무엇이든 할 수 있다.		

세 항목 전체에 체크 표시를 해보고, 10개 이상의 항목에 YES로 답했을 경우 내면
아이의 상처가 깊다고 할 수 있습니다. 자신의 내면 아이에 대해 관심을 가지고 돌
봐 주세요. 그럼 본격적으로 내면 아이 돌보기 활동, 시작해 볼까요?

내 감정 살핌 •
내 감정은 다 이유가 있어요

어떤 감정이 나에게 올 때 감정은 다 이유가 있어요.

감정도 바로 나를 살리려고 오거든요.

감정은 전염속도가 굉장히 빨라요.

내가 화가 나 있으면, 주변 사람을 바로 화 에너지로 전염시켜요.

대체 이 감정은 어디서 오는 걸까요?

이제 마음코트 망원경을 들고 감정을 들여다봐요.

내 안에는 또 다른 아이가 있어요.

어린 시절에 그 상처 입은 어린 내가 있어요.

이 아이는 어린 시절, 부모님과의 관계에서 충분히 울지 못하고,

웃지 못해 상처를 받은 아이에요.

그래서 치유되지 않은 상처를 품은 아이예요.

그 아이는 울고 있어요.

한 번도 어른인 내가 돌봐주지 않았기 때문에 구석에서 못 나오고 있어요.

내가 그 아이를 알아차리고 위로해주면 그때 아이는 편안해져요.

내면 아이는 나의 그림자라서 내가 편안해지는 거예요.

심리학자 융은 그림자가 나를 성장시킨다고 했어요.

그래서 이 아이의 이름은 상처받은 아이에서 놀라운 아이,

경이로운 아이, 신성한 아이, 참 자아라고도 해요.

자신의 모습 그대로 사랑을 받아보지 못한 어린아이는

어떻게 자기를 사랑해야 할지 모르기 때문에

여러 가지 부정적 감정으로 신호를 보내요.

나 좀 알아달라고요. 우리가 잘 모를 뿐이죠.

하지만 어른이 된 나는 그 아이를 성장시킬 힘이 있어요.

만나서 그 아이를 성장시킬 수 있어요.

처음 만난 사람인데 왜인지 모르게 좋은 사람,

처음 만난 사람인데 왜인지 모르게 싫은 사람,

오래 만난 사람인데 왜인지 모르게 좋은 사람,

오래 만난 사람인데 왜인지 모르게 싫은 사람이 있듯이

사람을 만날 때도 나만의 취향이 있지요.

왠지 모르게 좋은 사람과 싫은 사람을 떠올려 보세요.

그 사람의 모습, 스타일, 목소리, 분위기.

이유 없이 좋은 느낌인 사람은 어떤 사람인가요?
이유 없이 싫은 느낌인 사람은 어떤 사람인가요?

      이유 없이 좋은 사람   이유 없이 싫은 사람
      ————————————————   ————————————————

좋고 싫은 이유가 무의식적 두려움 때문이라면 내 두려움은 무엇인가요?
——

우리의 자아가 그 아이를 만날 준비가 되면
그 아이가 더 말을 걸어옵니다.
그래서 오늘은 내가 나를 먼저 만나 줍니다.

나도 나를 잘 몰라서 내면 아이를 알아차리지 못했어요.
하지만 그 아이는 아주 오랫동안 나를 기다려 왔어요.
지금이라도 그 아이를 만나 주는 것은 어떨까요.

나의 소중한 ○○야.

언제부터 이렇게 울고 있었니? 오랜 시간 혼자서 많이 울었구나.

많이 무섭고 외롭고 힘들었지?

나는 네가 그렇게 힘든지도 모르고 아픈 줄도 몰랐어.

나의 허전한 마음을 채우기 위해

내가 외부적인 것들을 보면서 달려만 왔어.

그래서 네가 아픈 줄도 몰랐고 너를 찾아오지도 못했어.

외부에서 인정을 받기 위해 나는 달리기만 했어.

너는 그 모든 것들보다 내 따뜻한 마음을 기다렸는데

내가 너무 늦게 왔지? 미안해.

내가 진작 너를 만나러 왔어야 하는데 너무 늦게 와서 미안해.

너무 오랜 시간 혼자 지내게 해서 정말 미안해.

너를 돌보지 않은 나를 용서해줘.

네가 얼마나 오랜 시간 힘들었는지 내가 알지 못해.

미안해. 알려고 하지 않았어. 그것도 미안해. 네게 소홀했던 거 알아.

미안해. 나의 아이야 나를 용서해줘. 정말 미안해.

너의 상처와 아픈 마음을 미처 헤아려주지 못했어. 미안해.

내가 꼭 안아줄게.

네가 힘들고 아플 때는 언제나 나에게 기대.

내가 그때마다 너를 위로해주고 안아줄게.

아이야 나와 여기 있어 줘서 고마워. 내 아이야 사랑해.

내면 아이를 꼭 안아주세요

❶ 내가 나의 내면 아이를 만나면 내 마음은 치유가 될 것입니다.

또 내면 아이를 인정해주면 나는 그만큼 성장합니다.

내 마음에는 어떤 욕구(바람)가 느껴지나요?

❷ 내 깊은 곳에 숨겨진 내 욕구가 있습니다. 소중한 내 욕구를 추측해 찾아 주세요.

나의 소중한 ○○야, 그 때 많이 힘들었지?

나의 소중한 ○○야, 나를 돌이켜보니 나는

욕구가 있었어.

❸ 나의 살가운 보살핌을 받은 아이가 나에게 뭐라고 말을 하나요?

내 감정 살핌 •
내 안의 소중한 아이를 안아줘요

우리가 누군가를 깊이 사랑하면 어떻게 변할까요?

아무리 시간이 없어도 자발적으로 시간을 쓸 거예요.

시키지 않아도 상대를 세심히 관찰하고 관심을 가지게 될 거예요.

뭘 좋아하는지, 뭘 싫어하는지.

알아야 이해하고 배려해줄 수 있기 때문이에요.

나를 사랑한다하면서 나를 알아차리는 데 쓰는 시간이 없다면

진정 나를 사랑하는 것이 아니에요.

나를 깊이 알수록, 나를 이해할 수 있고 깊이 사랑할 수 있어요.

자아를 알아차리고 돌보고 품어주는 일은 자기 돌봄이에요.

자아는 사랑받고, 이해받고, 존중받으며 진짜 어른이 됩니다.

꽃 한 송이를 돌보더라도 어떤 영양소를 좋아하는지,

물을 얼마나 주어야 잘 자라는지 알려고 해요.

내가 나를 사랑한다는 것은 평생을 나와 함께 잘 지내는 거예요.
내가 나와 잘 지내기 위해서 나에 대해 알아야 해요.

특히 나의 자아가 만들어 진 어린 시절,
가족관계 안에서의 나의 어린 아이는 어떤 마음이었는지,
어떤 것에서 서러움을 느꼈는지,
어떤 것을 아직도 원하고 있는지,
어떤 맘을 알아주길 원하는지 알아차려야 해요.

알면 더 깊이 이해하고 토닥여줄 수 있어요.
알면 더 깊이 안아주고 공감해줄 수 있어요.
토닥여주고 공감해주면 아이가 따뜻하게 성장해요.

내 어린 아이를 알아차려주세요.
어른인 내가 내 안의 아이를 다시 양육해주세요.

이제라도 시간과 주의력을 배정해주세요.

사랑은 시간을 내 주는 것,
사랑은 주의력을 보내 주는 거예요

내 안의 아이는 무엇을 원하고 있을까요?
아이는 기쁠 때 충분히 웃고, 슬플 때 충분히 울며
위로 받고 공감 받으며 살아 있음을 느끼지요.
혹시 내 아이가 충분히 웃고, 울지 못해 아픈건 아닌지
시간을 주고, 주의력을 주어 살펴주세요.

지금 나의 어려움은 그 아이의 아픔에서 왔어요.
그 아이를 성장시키는 게 나를 치유하는 길입니다.

자아를 알아차리고 돌보고 품어주는 일은
자기 돌봄이에요.
자아는 사랑받고, 이해받고, 존중받으며
진짜 어른이 됩니다.

나의 소중한 아이에게 주는 선물

어린 시절에 어떤 것을 하고 싶었나요? 너무 간절히 원하고, 꼭 하고 싶었는데

해보지 못한 경험을 그림으로 그려주세요. 주변에 점토가 있으면 직접 그 모양,

장면을 만들어 붙여도 좋습니다.

나의 내면 아이에게 주고 싶은 선물을 그림으로 그려보세요.
갖고 싶었던 물건도 좋고, 하고 싶었던 경험도 좋아요.
예) 곰인형, 가방, 예쁜 구두, 맛있는 음식, 엄마 손잡고 시장가기 등

어른이 된 나에게 원하는 선물을 받은 내면아이의 마음을 글이나 그림으로
그려주세요.

나의 소중한 아이야, 힘들었지?

어른인 내가 나의 내면아이에게
나의 내면 아이의 마음 (외로움, 슬픔, 두려움, 억울함, 수치심…)을
가만히 들어주세요. 아이를 따뜻하게 달래주고, 안아주고, 위로해 주세요.
함께 하지 못해 미안했다고 토닥토닥 안아주는 글을 써주세요.

어른이 된 나에게 원하던 선물을 받은 내면아이의 마음을 글이나
그림으로 표현해 주세요.

내 감정 살핌 •
나의 심리적 관계 패턴을 들여다 봐요

마음코트 1단계, 공감 돋보기로 내 마음을 따뜻하게 녹이고 난 후
우리는 마음코트 2단계, 관찰 망원경으로 나를 바라보고 있어요.

이번에 관찰하고 살필 것은
심리적인 관계의 패턴은 원래의 심리적 관계 패턴이에요.
내가 아니라는 걸 관찰해 봐요.

세상에 수많은 사람들이 관계 때문에 마음 아파 합니다.
그러나 내가 내 관계의 패턴을 안다면 많은 것들이 해결될 거예요.
나도 모르게 반복하고 있는 패턴이 내가 아님을 알게 될 거니까요.
관계 관찰자로서 나의 패턴을 들여다봐요.

혹시
"오늘도, 참다 참다 폭발했어."
"욱하고 소리 질렀어. 내가 정말 왜 이러지?"

돌아서면 후회되고 막상 얼굴 보면 폭발하고, 힘들었나요?
특히 사랑하는 사람들에게 내가 원치 않는 말을 할 때 자책감이 들었나요?

그렇다고 계속 참자니 걱정되나요?
내 의견을 만만히 볼까봐 더 말 안 들을까, 함부로 대할까봐 걱정되나요?
도대체 어떻게 해야 할까요?

우리 모두에겐 감정 패턴이 있어요.
나도 모르게 반복하는 마음의 패턴은 나만의 마음 고향과 같아요.
내 패턴과 비슷한 감정을 느끼면 그 패턴 감정을 반복해요.

어린 시절, 엄마의 분노 소리가 일상화된 아이는요.
엄마가 소리를 질러야 말을 듣고 움직여요.
누군가 친절과 사랑으로 대했을 때 아이는 절대 움직이지 않아요.
왜일까요?

아이가 움직였던 마음 패턴, 마음 고향이 분노라서 그래요.
오히려 사랑으로 대하면 불편할 수 있어요.
안 하던 걸 하니까 불편해요.
나 어린 시절에 느끼던 대로, 어른이 돼서도 비슷하게 반복하게 되는 건
무의식이 그게 편해서예요.

사람이 태어나 어린 시절을 보내고 살아온 곳, 고향
감정도 어린 시절부터 살던 고향이 있어요.

귀향증후군.

무의식은 나도 모르게 예전부터 알던 익숙한 편안함을 계속 나에게 요청해요.

나도 모르게 너무 싫었고 힘들었던 어린 시절이

내 삶에서 재연될 수 있어요.

또 수치스러운 기억들 우울하고 힘들었던 그 기억들이

삶에서 자꾸 나를 반복하게 만든다는 거예요.

어릴 때 비난이나 무시당했던 경험이 수치심으로 저장된 사람은요.

나도 모르게 스스로 자기 비난을 하기가 쉬워요.

내가 실패했을 때 자동적으로 나를 비난하기 쉬워요.

비난 고향으로 돌아가려는 무의식 때문에 그래요.

이걸 알아차리면, 자동으로 하던 비난을 멈출 수 있어요

그러면 귀향증후군을 벗어나는 길은 무엇일까요?

첫 번째가 바로 내 감정 고향인 핵심 감정을 알아차리는 거예요.

두 번째가 뭘까요? 그 핵심감정. 유난히 내가 화내는 지점을 만나주고

마음코트 1단계, '공감 돋보기'로 녹여주는 거예요.

핵심감정이 녹으면 감정 고향으로 돌아가려는 힘, 패턴이 멈출 거예요.

한 사람은 삶에서 다른 사람의 감정 고향인 핵심감정을 만나요.

분노 고향인 사람이 같은 분노 고향 사람과 만나면 감정이 더 폭발해요.

나도 모르게 욱하고 엄청나게 부정적인 말을 쏟아내면서 분노를 표현할 거예요.

그건 자기 고향을 잘 몰라서 그래요.

만약 한 사람이 분노 고향에 있는데
상대가 사랑 고향에 있다고 하면 서로 폭발할까요?
서로 에너지가 달라 폭발하지 않아요.

내 무의식 감정 고향이 분노였다면 분노가 올라온 순간,
자신의 감정을 마음코트 1단계 공감 돋보기로 먼저 녹여요.
그 다음 2단계, 분노 고향이 올 때 바로 알아 차려요.
그리고 분노가 아닌 다른 반응을 선택하는 거예요.
같은 분노 고향을 가진 사람에게 의도적으로 사랑의 반응을 해 줄 수 있어요.

처음에 반응하지 않아도 반복하는 동안 그 뜨거움이
나의 감정 고향을 사랑으로 바꿔 줘요.
이제 쉽게 분노하기보다 사랑의 말과 눈빛이 더 편해지고
쉽게 분노하기보다 배려, 이해로 내가 움직이는 나를 보게 될 거예요.

내 고향은 오직 사람으로 바뀌고
내 고향은 오로지 사랑으로 바뀌어요.

나의 귀향증후군은 무엇일까요?

1. 나도 모르게 내가 싫었고 힘들었던 어린 시절의 기억은 무엇인가요?

2. 그 기억에 대한 내 느낌은 어떤 것인가요?

3. 과거로 돌아가고자 하는 귀향증후군에서 벗어나는 길은 무엇일까요?

사람은 보이지 않아도, 한 사람의 마음을 느껴요.

사람은 자신의 마음 고향에서 살아가요.

사람은 의식적으로 자신이 알고 있는 것을 말하고

무의식적으로 자신이 누구인지를 말해요.

마음이 아픈 한 사람의 마음 고향을 알아차리고

그 사람의 마음 고향에 관심을 주는 한 사람.

그 사람의 마음 고향을 녹여주려는 한 사람.

그 한 사람이 준 시간으로 한 사람의 고향이 바뀌어요.

그 한 사람은 한 사람의 세상을 바꿔줘요.

분노 고향에 분노로 맞서지 않고

분노 고향에 따뜻한 사랑을 퍼부어요.

사랑을 퍼부으며 내 분노 고향도 바뀌어요.

사람은 누군가에게 사랑을 부어주면서

내 분노 고향을 떠나 사랑 고향으로 올 수 있어요.

내 에너지 살핌 •
사랑에너지를 관찰해요

우리는 말하지 않아도, 말해주지 않아도
내 옆에 있는 사람의 에너지를 느껴요.

나를 어떻게 생각하는지,
나를 얼마나 좋아하는지,
나에게 관심이 있는지,
있는 그대로의 나를 사랑하는지,
말해주지 않아도 상대방의 에너지로 다 알 수 있어요.

그 사람이 나에게 별 관심이 없어도
있는 그대로의 나보다 쓸모로서의 나를 좋아해도
심지어 나를 별로라고 생각하는 느낌이어도
우리는 다 느끼지만 따지지 못해요.

그냥 아픈 마음을 혼자 느끼고,

혼자 섭섭하면서도, 때때로 말하지 못해요.
하지 못한 말, 따지지 못한 말, 억울한 말, 답답한 말들을
마음 깊은 곳에 눌러 버려요.
말 하는 것 보다 감추는 게 안전하다고 믿으니까요.

내가 눌러 버린 말들은 다 모여 있다가
언젠가 얼음에너지로 그 사람에게 돌려주게 되요.

사람과 사람의 관계에서 우리는 말보다
그 사람의 에너지를 먼저 만나요.
그 사람의 눈빛, 목소리, 손길을 타고 흐르는
그 사람의 에너지가 나에게 먼저 말을 걸어요.

에너지는 말하지 않아도 다 느껴요.
두려움에서 오는 얼음 에너지는 차갑게, 사랑에서 오는 사랑 에너지는 따뜻하게.
누가 말하지 않아도 다 알 수 있어요.

나와 아주 친한 한 사람을 떠올려 봐요.
그 사람이 어느 날, 나에 대한 험담을 하고 다닌다는 이야기를 들었어요.
그런데 그 사람은 나를 만날 때 마다 따뜻한 말을 해요.
"힘내", "나는 너를 응원해!" 라고요.

이때 내 마음에너지는 얼음이 되요.
'말은 그렇게 하지만, 나를 전혀 믿지 않고 있겠지'

'내가 못할까봐 불안하구나'
'참 애쓴다, 나로 인해 불편하구나'

그리고 두려움이 막 몰려와요.
'내가 그 사람에게 뭘 잘못했지? 내가 많이 부족한가?'
'왜 내 앞에서는 불만을 숨기고 뒤에서 이야기 하지?'

그 사람이 나를 자꾸 찾아오면 더 불편해요.
나를 믿지 않으면서 하는 말이라 생각하니
오히려 불쾌감이 생겨요.

부모와 자녀, 사랑하는 사람끼리,
마음은 상대방에 대해 걱정, 근심이 가득인데
얼음을 숨기고, 따뜻함을 이야기할 때
따뜻함을 숨기고, 얼음으로 이야기 할 때
우리 영혼은 그 에너지 불일치를 느껴요.

에너지 불일치일 때 우리 영혼은 아파해요.
존중받지 못한다고 느껴서 그래요.

내가 가장 아플 때가 언제일까요?
있는 그대로 사랑받지 못한다고 느낄 때,
있는 그대로 존중받지 못한다고 느낄 때예요.

오늘은 내 안의 사랑에너지를 관찰하고
표현해 주세요.

나의 사랑에너지

1. 지금까지 살아오면서 기억나는 '존중받음 경험'을 써 주세요.

2. 그 '존중받음 경험'의 느낌을 그림으로 그려보세요.

3. 그 '존중받음 경험' 그림이 주는 느낌은 무엇인가요?

나에게 존중은 (   )다.
그 이유는

내 에너지 살핌 •
에너지 일치에 답이 있어요

내 마음이 단 한 사람을 5분만 만나더라도
있는 그대로가 소중하게 느껴지는 순간에
마음 속은 따뜻한 사랑에너지로 가득 차요.
그 때 그 사람에게 용기 내 하는 말은 참 신기해요.
오늘 처음 만난 관계여도, 단 30분을 만난 사이여도 신기해요.
그 사람의 말이 나에게 위로가 되고, 치유가 되요.
왜냐하면 사랑 에너지가 일치하기 때문에 그래요.

내가 한 사람을 만나
존재 자체로, 있는 그대로 그 사람을 볼 수 있다면
그 사람을 쓸모로 보지 않을 수 있다면
그 사람을 살기 위해 몸부림치는
한 소중한 생명으로 볼 수 있다면
그래서 측은지심과 연민의 마음을 느낄 수 있다면
내 에너지는 그 즉시 변할 거예요.

걱정스런 사람, 도움 안 되는 사람이라는 두려움에서

있는 그대로 괜찮은 너라고, 손을 잡아주고 싶은 사랑 에너지로 변할 거예요.

그래서 우리는 누구나 치유자가 될 수 있어요.

그 어떤 힘보다 한 사람이 주는 사랑에너지 일치가 기적이 되니까요.

한 사람을 존재 자체로, 있는 그대로,

소중하게 바라보는 순간을 우리는 자주 만나야 해요.

그런 사람이 되어 주어야 해요.

내가 나한테 먼저 그 사람이 되어 주세요.

사람은 지식보다 말보다,

한 사람의 사랑에너지에서 아픈 마음을 회복할 수 있습니다.

내가 실수하고 실패할 때

나를 쓸모로 보지 않을 수 있다면

내 역할을 평가하지 않을 수 있다면

살기 위해 몸부림치는 한 소중한 생명으로 볼 수 있다면

그래서 측은지심과 연민의 마음을 느낄 수 있다면

그 때 나에게 해주는 말이 최고의 치유제가 돼요.

쓸모로서의 나, 존재로서의 나

1. 나의 쓸모(역할, 사용가치, 결과물, 소유물, 능력 등)를 적어 보세요.

2. 쓸모(역할, 사용가치, 결과물, 소유물, 능력)를 뺀 나는 누구인지 적어 보세요.

3. 쓸모로서의 나와 존재로서의 나에게 해주고 싶은 말은 무엇인가요?

오감으로 집중하는 것,
바로 마음을 쉴 수 있게 돕는 지름길입니다.

'내가 널 이해해줄게'
'누구나 잘하려고 해도 예상치 못한 일이 생길 수 있어'
'시간이 지나면 나아질 거야'
'다 잘 될 거야!'
'너는 어제보다 더 나아지고 있어. 어제보다 더 잘하고 있어!'

내 마음을 녹일 선물 하나, '무지개 안경'

마음코트 3단계

내 마음이 아프고 힘들 때 강력한 마음코트 '공감 돋보기'로
따뜻한 햇살을 모아 아픈 마음을 녹여주었습니다.
비로소 나의 전두엽이 반응해서 더 멀리 통찰 할 수 있게
'관찰 망원경'으로 나의 마음도 들여다보았지요.

나의 몸, 생각, 감정, 관계 패턴을 볼 수 있었어요.
이제 마음코트 3단계, 무지개 안경을 만나러 갑니다.

살면서 고통이 없는 사람이 있을까요?

누구나 삶에서 예기치 않는 실수, 실패를 하고 상처와 아픔을 겪습니다.

왜 어떤 사람은 고통 속에서 더 빨리 나오고,

어떤 사람은 고통 속으로 더 깊이 빠져 버릴까요.

그 차이는 어디에서 올까요?

마음 속 뇌의 방향 차이예요.

외부로부터 좋지 않은 자극을 받을 때 공포와 화는 뇌의 편도체를 자극해요.

이때 긍정 자원을 충분히 가진 사람은 긍정적 해석, 그리고

조절을 할 수 있는 긍정 뇌를 움직여 화가 난 편도체를 진정시킬 수 있습니다.

부정 자원이 많으면 부정 뇌가 움직여요.

결국 화가 난 편도체에 내가 끌려 갈 수밖에 없는 거에요.

내가 내 삶의 주인공이 된다는 것은

어떤 자극을 받을 때 긍정 뇌가 먼저 반응하게 만든다는 거예요.

이것은 평상 시 얼마나 긍정 자원을 나에게 주었는지로 결정되요.

그 긍정 자원을 매일 나에게 선물하는 것이 바로 무지개 안경입니다.

일곱 색깔 무지개 선글라스를 바꿔 끼듯이요.

매일 존재감을
경험하고 있나요?

우리는 스스로에게 매일매일 긍정 영양제를 주고 있나요?

가장 중요한 영양제, 존재감을 내가 나에게 주는 거예요.

내가 이 세상에 온 이유,

그 이유를 매일 매일 나에게 알려주는 거예요.

존재감!

존재감이란, 내가 살아있음을 확인하는 거예요.

쓸모, 효용가치가 아니라 그냥 살아있음 그 자체가 가치예요.

뭘 잘 하지 않아도, 뭘 보여주지 않아도

내가 살아있음이 누군가에게 기쁨이 된다고 느낄 때

내가 살아있음이 누군가에게 소중한 것이라 느낄 때

우리 가슴은 살아있음의 기쁨으로 벅차게 뛰어요.

자존감은 존재감이라는 뿌리에서 자라요.

이 세상 유일무이한 내가
나만이 경험하는 어떤 느낌이지요.

쓸모와 상관없는, 결과와 상관없는
그냥 내 모든 소소한 생각들, 소소한 느낌들을
누군가 관심 가져줄 때 우리는 존재감을 느껴요.
기쁨, 설렘, 희열을 느껴요.

아무런 결과도 없는 나의 시간에
가만히 들어와 나를 있는 그대로 안아주는 느낌이니까요.

"너는 소중한 사람이야"
"나에게 너무 귀한 사람이야"
"너의 존재만으로도 나는 행복해"

누군가 이렇게 말해줄 때, 그걸 느끼게 해 줄 때
존재감이 가슴 깊은 곳에서 느껴져요.
내 자존감 나무의 뿌리가 만들어져요.

우리 삶의 영양제 중에 가장 강력한 생명 영양제가 바로 존재감입니다.
존재감은 살아있음의 확인이기 때문이에요.

우리는 내가 부족할 때, 내가 쓰러질 때 내가 죽은 듯 느껴질 때
오히려 그런 순간에 변함없이 누군가가 내 손을 잡아주기 원합니다.

내가 살아있는 것 하나만으로도 감사하다고 누군가 말해주길 바래요.
죽을 것 같을 때, 더 살아 있음을 느끼고 확인받고 싶어 해요.

존재감은 한 사람의 삶에 근원적인 힘이 되요.
존재감이 없다고 느낄 때 우리는 빨리 쓰러져요.
몸보다 마음이 먼저 쓰러져요.
일보다 관계 상처가 더 아픈 이유도 존재감 때문이지요.
가족 안에서 존재감이 없으면 평생 맘 아픈 이유가 되고요.
그래서 무너진 존재감도 관계를 통해서 가장 빠르게 회복이 되요.

사랑하는 그 사람의 이름을 자주 불러주세요.
아무런 이유 없이, 아무런 결과 없이
그 사람 옆에 가서 그냥 말해 주세요.

" ㅇㅇ야, 나는 너를 만난 것만으로 기뻐"
" 네가 그냥 좋아"
" 네가 나에게 너무나 소중해"
" 내 아들이어서 그냥 좋아. 내 딸이어서 그냥 좋아"

이런 말을 해줄 수 있는 건 내가 그런 말을 들었을 때
얼마나 눈물이 나게 기쁘고 설레고 행복했는지
경험한 사람이 더 쉽게 할 수 있어요.

존재감 경험은 오감의 감정 기억으로 무의식에 저장되어 있어요.

살면서 누군가에게 존재감 경험을 줄 수 있는 힘은
내가 먼저 한 무수히 많은 존재감 경험에서 오는 거예요.

그 때 들었던 말, 눈빛, 손길로 나는 또 누군가에게 존재감을 선물할 거예요.
그래서 우리는 서로 연결되어 있어요.
누군가를 사랑해 준 힘은 사라지지 않아요.

한 사람을 귀한 존재로 있는 그대로 존중하는 말과 행동은
내 무의식에 저장되어 나의 마음 고향을 바꿔주지요.

우리는 부족함 많은 누군가를 진심 다해 사랑하면서
그 경험으로 부족함 많은 나를 또 깊이 사랑하게 된답니다.

우리 인생 최고의 영양제, 존재감이지요.
부족함 많은 사람이 한 사람에게서 존재감을 충분히 경험하면
부족함 많은 또 다른 누군가를 존재하게 만들어요.

진정한 존재감은 누군가에게 담긴 경험으로
누군가를 따뜻하게 깊이 담아내는 데 있어요.

최고의 영양제. 존재감 찾기

1. 그동안 나는 어디서, 누구에게 존재감을 경험했나요?
   그 순간을 떠올려보고 글, 그림 등으로 표현해 보세요.
   예) 존재감을 경험했던 일, 장면(이미지), 말, 행동…

그 때 나의 느낌은? 글, 그림 등으로 표현해 보세요.

2. 내 존재감이 무너진 순간은 언제였나요?

그 때 나의 느낌은? 글, 그림 등으로 표현해 보세요.

내 삶에 내가
존재감을 선물합니다

존재감은 관계의 출발입니다.

존재감은 내가 처음 만난 그 한 사람,

엄마, 아빠, 할머니, 할아버지, 내 가족에서 시작됩니다.

사람은 잘할 때 그 사람의 '존재 있음'이 기쁘고

잘 못할 때는 그 사람에게 'ㅇㅇ가 되어야 한다'고 말하지요.

잘 못함은 '존재 거부', '존재 없음'으로 느껴지게 돼요.

잘 못하는 수많은 순간마다 존재감을 못 느끼는 거지요.

이건 죽을 것 같은 고통으로 느껴질 수 있어요.

내가 사랑하는 사람이 나에게 전하는 말들이

'존재 거부' 혹은 '존재 없음'일 때

살아있음이라는 존재감 확보가 어려우니 아이도, 어른도 마음이 힘들어요.

우리에게 가장 두려운 것은 내가 살아있지 않은 느낌이기 때문에 그래요.

그래서 불안감이 점점 깊어지게 되요.

내가 살아 있어야, 너를 살아 있게 하는 데
내가 죽어 있는 것 같으면 너를 바라볼 여유가 없게 되지요.
내가 사는 데 필요하다고 느끼는 것을 찾을 뿐이지요.
살아있다고 존재감을 느껴야 편안해져요.

혹시 어려서 엄마, 아빠에게 사랑받지 못했나요?
자라면서 힘든 순간 위로 받지 못해 마음이 아팠나요?
혼자 있으면 이유 없이 불안한가요?
자꾸 나를 확인하고 확인받고 싶은가요?
실수하고 실패하는 내가 두려운가요?

지금 내 안에 불안함, 두려움 뒤에 있던 존재감이 손짓을 해요.
"그럼에도 불구하고 넌 괜찮은 사람이야"
"그럼에도 불구하고 넌 좋은 사람이야"
"그럼에도 불구하고 넌 소중한 사람이야"

있는 그대로의 살아있음을 기뻐하고
있는 그대로의 살아있음을 좋아하고
있는 그대로의 살아있음을 가치 있게 여기는 사람이
내 옆에 있어주길 간절히 소망하나요?
존재감을 간절히 느끼기 원하는 나를 알아차렸나요?

괜찮아요. 나는 나를 '재양육'해 줄 수 있어요.
내 안의 소리가 말을 해요.

"내 나무의 뿌리가 없어서 자꾸 쓰러져요.
내 나무의 뿌리를 내리지 못했어요.
그래서 누가 다가올 때 나를 흔들까봐 겁이 나요.
뿌리째 뽑혀 죽을 것만 같아서요.
내 존재의 뿌리가 없어서 그래요.
내 나무의 뿌리가 없어 죽을까봐 그래요."

사람들은 힘든 순간 더 긍정적으로 생각하라고 하지만
그게 잘 안돼요.
뿌리가 흔들려 뽑혀버릴까 무서운데
열매 맺을 것을 상상하라고 하는 거 같아요.

다 괜찮아요.
내가 나를 다시 '재양육'할 수 있어요.
내 뿌리가 안전하다고 느끼도록 내가 나에게 말해 주세요.

내 존재감은 관계를 통해서 다시 누군가를 살려요.
모든 관계는 존재감을 주고받는 특별 무대에요.
내 옆에 있는 한 사람에게 나도 존재감을 선물할 수 있어요.

모든 관계는 존재감을 주고받는 특별 무대에요.
내 옆에 있는 한 사람에게 나도 존재감을 선물할 수 있어요.

안전한 나만의 울타리

누군가 나를 찾아올 수도 공격도 상처도 줄 수 없는 특별한 방.

이 세상에서 가장 안전한 곳에 나의 방을 하나 만들었어요.

이 방에는 나만이 드나들 수 있어요.

내가 가장 편안하게 쉴 수 있는 곳이랍니다.

평온하고, 따뜻하고, 사랑이 넘치도록 이 방을 채워주세요.

이왕이면 물질, 명예, 외모보다 관계, 마음, 나눔 등 사랑에너지를

받을 수 있는 것으로 채워주세요. 돈, 명예, 외모 등의 외적 가치보다

관계, 마음 성장, 나눔 등 내적 가치가 더 오랫동안 만족감을 준대요.

온전히 나만을 위한 이 방에 와서

내가 나를 사랑해 줄 수 있어요.

내가 나를 사랑해 주는 힘보다 더 큰 힘은 없답니다.

내가 이 방에 두고 싶은 것들을 그려 보세요. 색연필이 있다면 색칠도 좋습니다.

이 방에 가만히 머물러 보세요. 지금 나의 느낌은 어떤가요?

나에게 주는 '존재감Day' 선물

나는 나에게 친절한가요?

내가 나를 아무런 평가 없이 있는 그대로, 소중하게 대접하는 날을 하루 선물한다면

어떤 '존재감day'를 선물할까요?

내가 나에게 주고 싶은 존재감 선물은 무엇인가요?

그 장면을 그림, 글로 표현해 주세요.

'존재감day'를 선물 받은 나의 느낌을 그림, 글로 표현해 주세요.

존재감 너머
내 삶의 내러티브 대본

내가 살아있음을 확인하는 순간, 우리는 가슴이 벅차 오릅니다.
가슴이 벅찬 순간에 사람의 마음은 따뜻해져요.
잘 하는 순간의 나, 못하는 순간의 나를 있는 그대로 안아줄 수 있게 돼요.

잘하고 못하는 것과 상관없이
언제나 살아있음을 확인한 내 영혼은 드디어 깊이 안심을 해요.
그리고 나에게 주어진 삶의 의미를 찾아 멀리 떠날 수 있어요.
그리고 더 크고 용기 있는 것에 도전할 수 있게 돼요.
존재감의 뿌리가 깊어지면 우리는 드디어 내 삶의 의미를 찾아 떠날 수 있어요.
자기 놀이터를 만들게 되는 거예요.

삶은 자기 놀이터에서 만든 영화이고 끝이 있는 내러티브 영화예요.
나만의 의미, 유일무이한 내가 쓰고 싶은 이야기로 만드는 영화지요.
대체 불가의 주인공. 주제. 기승전결 스토리가 있어요.

멕시코 작은 바다마을의 늙은 어부, 산티아고는
말년에 엄청나게 큰 청새치를 잡았어요.
하지만 돌아오는 길에, 상어에게 다 물어뜯기며
청새치는 뼈만 앙상히 남고, 겨우 살아 남은 그는 빈 배로 돌아와요.
이 노인은 말년에 대박을 놓친 패배자일까요?
모든 걸 잃어버린 지친 노인이 중얼거려요.

"나는 파멸 당할 수 있을지 몰라도 패배하지는 않아."

어떤 생산물들, 결과물들, 보이는 것들. 이런 것들이
예기치 않는 상황에서 손실될 수도 있고 멈출 수도 있어요.
보이는 것은 변할 수 있지만
내 존재가 살아가는 삶의 의미는 누구도 건드릴 수 없어요.

"아버지, 아버지는 작은 배로 평생을 바다에서 보내셨지요.
엄마와 나와 동생을 먹이고 입히느라 아버지 시간을 쓰셨지요.
우리 가족 위해 한 평생 바다에 나가신 아버지,
청새치를 다 놓치고 돌아오셔도 괜찮아요.
이렇게 아버지가 살아오신 것만으로 감사해요.
아버지는 어떤 순간에도 제게 소중한 분이니까요."

한 사람의 존재가 부여한 인생의 의미는
그 누구도 함부로 할 수가 없어요.
그게 바로 삶의 본질이니까요.

사람마다 자기 삶의 주인공이고,
한 사람이 만들어 낸 그 사람만의 대본을 누구도 함부로 할 수 없어요.

진짜 내가 세상에 온 이유니까요.
존재감, 나만의 빛, 존재 의미와 만나러 온 거니까요.
존재감 너머 존재의미가 진정한 나이니까요.

내 삶에는 나만의 영화가 있어요.
내가 쓰는 나만의 내러티브 대본이 있기에
나는 늘 살아있음을 느끼고, 늘 가슴이 벅차요.
이 대본을 마무리할 사람은 주인공인 나예요.

내가 누구인지 잊지 않게 해줄 나의 대본!
때로 힘든 날도 바로 내 원래 대본 덕분에
내가 가야 할 길을 잊지 않아요.
누가 인정해주지 않아도
내가 살아있는 느낌, 나만의 특별함을 믿게 돼요.

어느 날
'나 왜 살지? 나 정말 잘 살고 있는거 맞을까?'
'내가 가야 할 길로 잘 가는 거 맞을까?'
'내가 특별한 존재라고 믿어지지가 않아.'

이런 날, 나는 꼭 기억할 거예요.

내가 잠시 내 대본을 놓고 있었다는 것을요.
내 놀이터에서 노는 것을 잃어버린 순간임을요.

내 삶의 무대에서 멀리 떠나와 있다는 것을요.
내 삶의 영사기는 돌아가도 나만의 대본이 없기에
스토리가 없는 빈 영상인 것을 기억할 거예요.

나는 나만의 스토리, 진정한 내 삶의 이야기를 쓰러
이 세상에 왔으니까요.

내 삶의 대본은?

오늘은 지금까지 살아 온 내 삶을 돌아봅니다.

지금까지 삶의 길에서 가장 의미 있었던 순간을 떠올려 보세요.

그 순간은 언제인가요? 그리고 이 삶의 길을 끝에서 이 세상에 남기고 싶은

3가지 의미는 무엇인가요?

내 삶의 길을 돌아본 나의 느낌은?

내 삶의 존재 의미를 찾아요

화양연화를 아세요?

꽃 화. 모양 양. 해 년. 아름다울 화.

한 사람의 가장 아름다웠던 시절을 말합니다.

한 사람 인생에서. 가장 아름답고 행복했던 시간.

내 인생이 빛나는 시간, 따뜻했던 순간들.

내 인생의 화양연화는 언제였나요?

花樣年華

24년간 교육자로 살면서

내가 무너질 때마다 나를 일으켜 세워 준 힘이 무엇인지

반복된 질문을 들었습니다. 그것은 화양연화였습니다.

내가 아이들 가르치다 무너져 내리고, 다 포기하고 싶은 순간에도

곧 눈물 닦고 다시 일어날 수 있었던 힘,

곧 용기 내 아이들을 품을 수 있었던 힘은

나에게 화양연화의 꽃을 심을 힘이 있다는 믿음이었습니다.

한 아이가 12살 이전에 화양연화의 꽃을 품을 수 있도록

그 꽃 한 송이가 어떤 의미인지 알고 있었기에

예기치 못한 삶의 파도에 쓰러졌을 때도

한 아이 손을 잡을 수 있었습니다.

어린 영혼의 가슴에 화양연화를 심고자 한 순간들이

내 영혼의 깊은 곳에도 화양연화를 꽃피게 만들었습니다.

오늘 따라 마음이 쪼그라든 한 아이야,

"선생님이 너 얼마나 사랑하는지 알지?

네가 매일 교실에 와 있는 것만으로도

나는 네가 너무 좋아."

"오늘도 너를 만나서 선생님이 그냥 좋아."

말하는 순간 그냥 눈물이 왈칵 나며

한 아이의 존재를 안아주게 되었습니다.

이 귀한 존재들, 귀한 생명들.

세상에 태어나 한 평생 실컷 만나는 구나.

내가 아무리 부족한 날도, 나는 살아 있구나.

사랑을 느끼며 내가 살아 있음을 체험하는구나.

"용기 내 화양연화를 선택했구나."

한 아이의 인생에 저장될 화양연화의 순간들.

내 눈빛, 목소리, 손길, 정성이 다 꽃이 될 수 있다는 것을

내 삶이 꽃이 되고, 사랑이 된다는 것을...

한 아이 가슴에 담긴 꽃봉오리들이

내 인생의 빛나는 꽃들이었구나.

내가 이 세상 떠나는 날

내 인생에서 가장 아름다웠던 화양연화는

어린 영혼들 가슴에 하나씩 심어줬던 꽃봉오리들.

소중한 영혼들 가슴에 하나씩 심어줬던 꽃봉오리들.

사랑에너지 꽃이 되었던 눈빛, 목소리, 손길, 정성들...

그 소소한 순간들이 내 인생의 화양연화였다고.

－ 권영애

"삶은 자기 놀이터에서 만든 영화이고,
끝이 있는 내러티브 영화에요."

내 인생의 화양연화

❶ 위의 일기를 보며 여러분은 어떤 생각이 들었나요?

❷ 내 인생의 화양연화는 언제였는지 떠올려봅니다.

아래의 질문에 나의 솔직한 이야기를 적어보고, 떠오르는 감정을 느껴주세요.

1. 내 인생에서 가장 빛나는 순간, 화양연화는 언제였나요?

2. 내 인생에 화양연화를 준 사람은 누구인가요?

3. 나는 언제 누구에게 어떤 화양연화를 주었나요?

4. 그때 내 느낌은 어땠나요?

나만의
단 한 사람이 있나요?

나만의 단 한 사람,

그 사람에게 내가 듣고 싶은 이야기는 무엇일까?

"네가 그러는 데는 이유가 있을거야."

"나는 네가 좋아, 너를 있는 그대로 사랑해"

울고 싶은 내 마음을 이야기하면 같이 눈물 흘려주고

기쁜 내 마음을 이야기하면 같이 기뻐해주는 사람.

그 사람은 내게 꽃 같은 사람입니다.

나의 꽃 1호는 바로 나입니다.

어린 왕자가 오천 송이 꽃이 만발한 지구 정원에 와서

거기 핀 장미꽃들이 별에 두고 온 장미랑 똑같다고 느낄 때

어린 왕자는 실망해서 울었습니다.

그리곤 여우를 만나서 곧 알아차립니다.
오천 송이의 이 장미가 내 별의 장미와 다른 이유를요.

그것은 어린 왕자의 보이지 않는 시간, 그 시간을 함께했기 때문이었습니다.
함께한 시간동안 꽃에 물을 주고, 풀을 뽑아주고, 벌레를 잡아주고
그 시간을 함께 보냈기 때문이었어요.

내 마음이 아픈 날도, 내 마음이 기쁜 날도
내 옆에 있으면서 함께 울어주고 웃어준 나.
아무도 모르는 그러한 시간을 언제나 함께 보내준 나.
그런 나를 내가 지금 꼭 안아줘요.

이 꽃은 이 세상에 유일무이한 꽃이고,
대체 불가한 꽃이고, 그 누구로도 바꿀 수 없는 꽃이고,
최고의 선물이며 최고의 의미입니다.

나는 이 세상에서 유일무이한 존재입니다.
이 세상에 수많은 꽃들 중에 가장 빛나고.
가장 향기롭고 아름다운 꽃입니다.

가끔 내 존재의 겨울이 온다 해도,
나를 조금 더 받아들이라는 뜻으로 기억해 주세요.
내 인생의 겨울은 의미 없는 시간이 아닙니다.
내 인생에 또 다른 축복의 시간이며 다음 봄을 준비하는 시간을 준 겨울입니다.
나의 또 다른 꽃씨를 품고 있는 겨울입니다.

고마워.

어떠한 순간에도 내가 나를 안아줄 때
내가 안전하다고 나를 믿게 되지요.
내 영혼이 나에게 안심해요.

어떤 순간에도 나만의 단 한 사람,
그 사람은 나입니다.
이 세상 유일무이한 내 꽃을 안아주는 나입니다.

내가 먼저 나를 내 품에 안아줘요

나는 이 세상에서 유일무이한 존재입니다.
이 세상에 수많은 꽃들 중에
이 세상에 수많은 꽃들 중에 가장 빛나고.
가장 향기롭고 아름다운 꽃입니다.

자기자비 타임, 나는 나를 받아들입니다.

❶ 아래의 노트의 빈칸을 채워주세요.

❷ 나를 모두 받아들일 수 있도록 마음속 깊은 곳에서 진심을 담아 적어봅니다.

I accept all the parts of myself

나는 나의 모든 부분을 받아들입니다. 나의 몸과 마음, 보이지 않은 힘까지
다 받아들입니다. 내가 만난 순간들을 받아들입니다. 잘 해내지 못한
순간들을 받아들입니다. 실수하고 부족함 많은 순간들도 모두 받아들입니다.

나는 (움츠러드는 내면아이가 있지만)이런 나를 이해하고 받아들이고 사랑합니다.

나는 (   )이런 나를 이해하고 받아들이고 사랑합니다.

나는 (   )이런 나를 이해하고 받아들이고 사랑합니다.

나는 (   )이런 나를 이해하고 받아들이고 사랑합니다.

나는 (   )이런 나를 이해하고 받아들이고 사랑합니다.

나는 (   )이런 나를 이해하고 받아들이고 사랑합니다.

나는 (   )이런 나를 이해하고 받아들이고 사랑합니다.

나는 (   )이런 나를 이해하고 받아들이고 사랑합니다.

나는 (   )이런 나를 이해하고 받아들이고 사랑합니다.

나는 (   )이런 나를 이해하고 받아들이고 사랑합니다.

나는 (   )이런 나를 이해하고 받아들이고 사랑합니다.

이 활동이 나에게 주는 의미, 느낌은 무엇인가요?

무의식에 있는 나를
바꿀 수 있어요

'겐샤이'라는 말을 아시나요?
'누군가를 대할 때 그가 스스로를 작고 하찮은 존재로
느끼도록 해서는 안 된다'라는 뜻의 고대 힌두어예요.

지금 내 옆에 한 사람이 개미처럼 움츠러들었나요?
자신을 작고 하찮은 존재로 느끼고 있을 거예요.
지금 내가 작은 개미처럼 움츠러들었나요?
내가 나를 작고 하찮은 존재로 느끼고 있어서 그래요.

내가 나를 대할 때
나 스스로를 크고 소중한 존재로 만나줄 수 있다면
내 옆에 한 사람도 내 옆에서는 크고 소중한 존재로 있게 될 거예요.
이 모든 게 나와의 관계에서 시작됩니다.

매일 밤 내가 나를 축복하고 내가 내 영혼을 만나주는 "셀프 겐샤이"

셀프 겐샤이는 나의 무의식에 새겨진 나의 존재 이미지를 바꾸어 줄 거예요.

겐샤이로 매일 나를 돌아본다는 건 그저 하루를 복기하는 것이 아니에요.
오로지 나의 내면에 초점을 맞추고
나에게 매일 사랑의 에너지를 듬뿍 주는 시간이지요.

셀프 겐샤이는 떠오르는 순간을 정해 그때 느꼈던 감정을 그대로 쓰면 됩니다.
나의 의도와 욕구를 적어보고 그 의도에 공감하는 멘트를 적어줍니다.
마지막은 꼭 내 존재 자체를 격려하고 축복하는 말로 마무리 합니다.

그럼, 셀프 겐샤이를 직접 해볼까요?

겐샤이를 하기 전에는 저의 영혼이 까만 밤 불빛도 없이 산길을 헤매고 있다
는 사실조차 몰랐습니다. 태어나면서부터 필연적으로 맞닥뜨리게 되는 수많
은 아픔, 그 아픔들에 치이고 찢기는 마음의 상처를 그저 멍하니 바라보거나
원망만 하던 때가 더 많았습니다. 가슴 속에 생기는 뜨거운 삶의 아픔을 도려
내고 싶어도 잊어버리고 싶어도 그저 생가슴만 앓아야 했던 무수한 나날들.
조금 더 일찍 겐샤이로 나를 보살펴 줄 수 있었으면 하는 생각을 수없이 했습
니다.

세상은 아주 작은 하나의 움직임으로 바뀌기 시작합니다. 세상의 중심은 저에게 있다고 믿습니다. 이기적인 나로서의 중심이 아니라 모든 중심은 각자 유일함으로 소중하다는 의미의 중심입니다. 겐샤이는 그런 의미에서 각자와 모두를 함께 아우릅니다. 내가 바뀌면 세상이 바뀝니다. 저는 아주 미비하지만 그 변화를 겐샤이를 통해 맛보았습니다. 남편과의 사이가 좋아졌고, 제자와 진심으로 사랑을 주고받을 수 있는 교사가 되었습니다. 그 이유는 단연코 겐샤이 덕분입니다. 앞으로도 여건이 되는 한 저는 겐샤이를 구준히 하고자 합니다.

타인에게 기대어 내 마음을 알아주기를 바라는 것은 한계가 있습니다. 유일한 방법은 내가 나를 온전히 안아주는 것뿐입니다. 매일 하는 것뿐입니다. 하지만 제가 매일 겐샤이를 하는 것이 쉽지는 않았습니다. 혼자 하는 것은 불가능에 가까웠습니다. 저는 올해 꽃샘을 만나서 겐샤이를 소개받고 시작하면서 각오를 단단히 했습니다. 매일 겐샤이에 번호를 매겨서 하자고요. 처음에는 주말에도 했는데 그건 너무 힘이 들어서 주말은 쉬기로 했습니다. 아프거나 일이 있는 날은 기꺼이 지나가기로 했습니다. 어떤 날은 몇 줄로 겐샤이를 쓰거나 사진으로 대신하기도 했습니다. 나는 나를 사랑하는 일에 스스로를 속박하여 힘들게 하지는 말자고 생각했기 때문입니다.

오늘이 몇 번째일까요? 126번째 겐샤이를 쓰고 나눕니다. 올해의 얘기예요. 올해. 시간은 자정을 넘길 때도 있지만 겐샤이 시간이 즐겁습니다. 내일을 위해 잠을 청하러 가기 전까지 겐샤이로 제 영혼에 따뜻하게 감싸주는 일이 참 행복합니다. 만약 혼자서 겐샤이를 했다면 그저 그런 일기에 지나지 않았을 겁니다. 함께한 선생님들이 계셨기에 가능했습니다. 100번째 겐샤이를 쓰던 날, 선생님들이 마치 자신의 일인냥 기뻐해 주셨습니다. 매일 저의 겐샤이를 나누고 선생님들의 겐샤이를 읽으면서 무한한 신뢰와 공감 속에 제 영혼이 사랑 에너지로 가득참을 느꼈습니다. 제가 수치심과 두려움에 빠져있을 때 용기와 희망을 전해주셨습니다. 그 감동과 함께함은 매 순간 기적과도 같았습니다.

반년밖에 지나지 않았지만 함께 나누었던 겐샤이 속에 수많은 감정들과 욕구와 이미지는 지금 다 기억할 수 없을 정도로 많습니다. 그 모든 것들이 나와 선생님들의 무의식의 큰 나에 차곡차곡 저장되었습니다. 그렇게 큰 사랑의 힘은 나와 내가 사랑하는 사람들에게 엄청난 저력으로 우리의 일상 중에 매 순간 순간에 영향을 주고 있습니다.

살면서 자신에 대해 자주 생각하지 못했고, 긍정적인 마음으로 보는 것은 더 못했는데 셀프 겐샤이를 통해서 '올바른 생각'이나 '사람들의 기대'가 아닌 '내 자신'을 보게 된 의미가 컸습니다.

저는 아직은 겐샤이답게 '나 자신을 하찮게 여기지 않기'로 쓰는 게 익숙하지는 않은데, 그 익숙하지 않음을 알게 되는 경험도 깊이 느껴졌어요.

비폭력대화에서 그랬던지, '연민'으로 보는 것이 중요함을 알았는데, 나 자신에 대해서도 그래야 한다는 것, 아니 그게 시작이고 뿌리라는 것은 겐샤이를 통해서 처음 알았습니다.

자신을 소중히 여기는 사람이 타인도 소중히 여길 줄 알고 자신을 좋아하는 사람이 사람들과 더불어 즐거워할 수 있음을 늘 말로는 들었지만, 셀프 겐샤이는 '자기 긍정을 마음에 담는 법'을 새롭게 알게 해주었습니다.

- 우선 나를 돌아볼 수 있게 한다. 나에게 있었던 일, 그때 나의 행동이나 말, 나에게 영향을 미쳤던 사람들 그리고 내가 영향을 미친 일들을 돌아보게 된다. 이렇게 다시 생각해보며 전지적 시점으로 다시 보게 된다고 할까. 조금 더 떨어진 시점으로 나를 보면 내가 가진 감정들을 세밀하게 살피게 되거나 왜 그런 감정들을 가지게 되었는지도 생각해보게 되는 것 같다.

- 나에게 중요하고 소중한 것에 집중하게 한다. 셀프겐샤이를 하면서 작은 일들에 감정을 소모하는 일들이 많았다는 것, 그리고 나에게 중요한 것에 집중해야겠다는 생각을 많이 했던 것 같다. 반복되는 일상에서 습관처럼 흘렸던 덕들을 다시 돌아보아야겠다고 생각하기도 했다.

- 나를 응원하게 된다. 나를 응원하는 그 말이 처음에는 무척 쑥스러웠고 지금도 살짝 그렇기는 하지만… 뱉어놓고 나면 나에게 에너지가 되었다. 마음이 힘든 날들은 털어놓고 나를 응원하는 말을 하고 나면 기운을 얻는 느낌이 들었다.

오로지 나의 내면에 초점을 맞추고
사랑에너지를 듬뿍 선물해 주세요.

셀프 겐샤이

❶ 아래의 순서에 따라 셀프 겐샤이를 해봅니다.

❷ 나의 무의식에 새겨진 내 존재 이미지는 내 인생의 힘이 됩니다.

1. **이미지** 떠오르는 순간을 정해 그림 그리듯 이미지를 글로 씁니다.

2. **감정** 그 때 느꼈던 감정을 씁니다.

3. **생각** 떠올랐던 생각을 씁니다.

4. **의도** 나의 동기, 의도, 욕구를 적어봅니다. (~하고 싶었다. ~를 원했다.)

5. **공감** 나를 지지하고 이해하는 말로 위로합니다.
   (그럴 수 있지. 그랬구나. 누구라도 그랬을 거야)

6. **격려** 내 존재 자체를 무조건 격려, 축복하는 말로 마무리합니다.

내 영혼의
셀프 만트라를 만들어요

행복감을 자주 느끼는 48000명의 공통점이 무엇이었을까요?

한 심리치유자의 연구 결과, 공통적으로 자신을 축복하는 혼잣말 습관이 있었대요.

여러분은 '만트라'를 아시나요?

'만트라'는 산스크리트어로 '진짜 말'이라는 뜻이에요.

내 마음 깊은 무의식에서 나오는 말,

변화를 줄 수 있는 말, 힘을 주는 말,

나 자신을 보호하고 축복해주는 말,

'만트라'는 엄청난 위력을 가진 주문입니다.

누구나 무의식을 끌어올린 자신만의 만트라가 있어요.

내가 툭툭 내뱉는 나만의 만트라를 봐요.

불빛처럼 나의 영혼을 비춰주고 있는 만트라!

이것이 나의 에너지를 바꾸고 삶을 바꿀 거예요.

하루하루 쌓이는 말의 힘은 정말 강력합니다.

내가 무심코 내뱉었던 두려움의 말들.

나 자신을 향한 비난과 모욕의 말들.

나는 나 자체로 충분해. 내 삶 자체로 귀해.

난 언제나 네 편이야.

태어났고 지금껏 살아남았으니 성공이야.

그래, 그럴 수도 있지. 틀려도 괜찮아.

뭘 잘하지 않아도 있는 그대로 소중한 사람이야.

좋은 엄마는 뭘 잘하지 않아도, 잘 살아 있기만 해도 되는 거야.

느리게 가도 괜찮아, 내 속도대로 가는 거야.

너는 너의 길을 묵묵히 가고 있어.

실수하고 부족해도 괜찮아. 그냥 해보고 싶은 거 해봐.

아무것도 해내지 못해도 충분히 사랑스러운 존재야.

울어도 괜찮아.

역시 나에게는 행운이 따르는구나.

사랑이 답이야.

되네. 나도 되네.

참, 다행이다.

용기 내봐. 해낼 수 있어.

지금도 잘하고 있어.

나에게는 사랑을 선택할 힘이 있어.

오늘이 내 인생에 가장 행복한 날이야.

이런 말들이 내 삶에서 계속 삶을 만들어 내고 있는 것입니다.

그럼 자신만의 만트라는 무엇인까요?

내 영혼의 셀프 만트라

❶ 누구나 습관적으로 쓰는 자신만의 만트라가 있습니다.

❷ 자주 반복하는 단어, 문장을 떠올려보고 나만의 만트라를 소개해 주세요.

만트라 예시)

순서	나만의 만트라	그렇게 만든 이유
1	내 삶은 감사할 일로 가득한 축제야.	문제와 어려움에 집중해서 인생의 빛을 잃지 않겠습니다.
2	아무 것도 하지 않아도, 존재 자체로 충분해.	무언가 성과를 내지 않으면 두려워하던 과거의 나와 이별합니다.
3	나는 아이들을 살리는 위한 교육자야. 아이들을 살리고 싶은 이 간절한 소원이 그 증거야.	교사로서 실패감, 열등감을 쫓아냅시다.
4	지금 눈에 보이는 상황과 환경이 어떠하든지 상관없이, 나와 내 가족은 안전하고 잘될 거야.	두려움 에너지로 가장 원하지 않는 일을 하게 하는 걱정을 거절합니다.
5	아이들을 위한 기도와 사랑은 반드시 아이들의 영혼에 선한 흔적을 남기고 있어.	성공하지 못한 것 같은 순간에도 변함없이 정성과 기쁨으로 아이들을 사랑합니다.
6	삶은 언제나 옳고 풍요롭다.	내가 삶을 통제하고 있다는 착각에서 자유로워지고 싶기 때문이다.
7	내 안에 다 들어있다. 태어났을 때부터 그랬다. 살아가면서 하나씩 꺼내쓰는 것이다.	내면에 모든 지혜가 이미 있다고 생각한다.
8	나는 이미 온전하다.	무엇인가를 더 하거나, 잘해야 온전하다는 생각은 착각이라 생각한다.
9	왜 나에게 이렇게 좋은 일(사람)들이 많이 생기지?	실제 자주 하는 생각이다. 삶은 참 기회를 많이 준다.
10	나는 사랑으로 살아간다.	사랑과 봉사로 살아갈 때 참 행복하다.

순서	나만의 만트라	그렇게 만든 이유
1		
2		
3		
4		
5		

내 인생의
8:2 법칙을 안다면

살다보면 예상을 뛰어넘는 고통, 아픔이 수시로 찾아옵니다.
그때 나는 언제나 8:2 법칙을 생각할 거예요.

내가 예상하지 못했던 20%의 아픔, 고통, 어려움이 삶의 길을 가는 데 필요한
'배움'으로 신이 주신 선물이라 믿기 때문이에요.
힘든 순간이 올 때마다 선물이 왔다고요.

내가 아무리 열심히 무엇을 해도
20% 사람들의 눈에는 마음에 들지 않을 수 있고
그때 마음은 아프겠지만, 그것을 허용할 거예요.
내가 아무리 정성으로 대해준다 해도 그 사람 중 20%는
나의 정성에 무심할 수 있는 것이니까요.
나는 안타깝지만, 그 무심한 사람을 이해할 거예요..

내가 정직하게 최선을 다해도 20%는 예상치 못한 실패를 할 수 있어요.

나는 그것도 받아들일 수 있어요.

그 20%의 여유를 내 삶에 배정할 거예요.

내 삶에 숨구멍을 배정할 거예요.

나는 그 20%에서 배울 거니까요.

고통은 아무리 반복해도 사실, 늘 아팠어요.

누군가 고통이 선물이라 했지만 선물로 느껴지지 않았고요.

"지친다. 또 실수야. 아, 속상해. 힘들다"

"어떤 배움이 숨어 있는 거지?"

"어떤 선물이 다가 오려는 거지?"

20%를 내 삶에 배정하고 나서야

고통이 선물이라는 말을 받아들일 수 있었어요.

내 인생의 마지막 날, 내가 껴안을 것 한 가지는 무엇일까요?

어떠한 상황이 펼쳐지더라도 나를 받아들이는 것!
나라는 존재의 시간을 감사하게 받아들이는 것!
나의 삶의 모든 것을 감사히 받아들이는 것!
인생의 마지막에 배울 것은 내 죽음까지 '받아들임'이에요.

20%를 삶에 받아들이고,
허용해서 내 마음이 편하고
또 그걸 받아들이니까 에너지 소진이 줄었어요.
저절로 성장이 일어나는 지점이었어요.

삶의 20퍼센트가 삶의 80퍼센트를 만든다는 것도
지금의 80퍼센트를 가지고 잔치를 벌이고 축제를 벌이는 것도
20퍼센트의 아픔도 영원하지는 않다는 것을 믿게 되었어요.

지금 마음이 아픈가요?
그것도 영원하지 않아요.
다 흘러갑니다. 다 변해 갑니다. 모두.

변하지 않는 것은
순간순간 괜찮다고 말하고 나를 안아주는 내가 있을 뿐이라는 것을.
축제도 아픔도 다 괜찮은 게 한 사람의 인생이란 것을.
20퍼센트도 80퍼센트도 다 괜찮다는 것입니다.

사랑을 배우러 온 우리들에게 세상은 학교이고 삶은 배움의 연속이에요.

우리는 삶에서 예기치 않은 순간을 만나서 배우고, 나누게 됩니다.
그때 8:2 법칙을 꼭 기억해요.

내가 예상하지 못하는 20%의 불행, 아픔, 고통, 어려움이
나의 삶의 배움을 위해서 선물로 나에게 배정되어 있다고
여유롭게 생각하는 거예요.

내가 아무리 열심히 무엇을 해도
누군가의 20%의 눈에 마음에 들지 않을 수 있어요.
내가 아무리 정성으로 대해준다 해도 그 사람 중 20%는 무심할 수 있어요.
내가 정직으로 최선을 다해도 20%는
예상치 못한 실패를 할 수 있음을 받아들여요.
그 20%의 여유를 내 삶에 배정합니다.
그 20%의 배움이 있어서 나는 더 성장할 거니까요.

내 삶에서 만난 20%의 배움은 무엇인가요?

내 인생의 8:2 법칙

---

1. 내 삶에서 만난 20%의 배움은 무엇인가요?
   예전에 일도 좋고 최근의 일도 괜찮아요. 한 가지를 소개해주세요.

---

2. 그렇다면 그 일에서 어떤 배움이 있었나요?

인생의 마지막에 배울 것은
내 죽음까지 '받아들임'이에요.

나만의 내러티브 스토리

행복은 어디에서 올까요?
짧은 행복은 오감의 만족에서 오고
긴 행복은 의미의 만족에서 온다고 합니다.

오감의 만족인 헤도니아!
의미의 만족인 에우다이모니아!

에우다이모니아는 그리스어로 '행복'입니다.
'좋은'이란 뜻의 '에우'(eu)와
영혼이란 뜻의 '다이몬'(daimon)이 합쳐진 '좋은 영혼'
행복이란 '좋은 영혼' 상태를 말해요.

LICLA 대학교 스티븐콜 박사는 오감의 만족을 추구하는 사람이
스트레스를 받을 때는 염증을 일으키는 지문이 나타나고,
삶의 의미를 추구하는 사람이 스트레스를 받을 때는
세포가 알아서 몸을 보호한다는 것을 발견했어요.

그래서 심리학자들은 '행복한 것보다 선한 것이 낫다'고 주장하게 되었어요.

가슴이 뛰는 삶의 의미를 찾아 사는 일이

건강을 지킬 뿐 아니라

이 세상에서 가장 나답게 사는 행복이라는 것을요.

힘든 달리기도 30분 정도의 고비를 넘어서면

몸이 가벼워지고 행복감을 느낀다고 해요.

이것을 미국의 심리학자 A J 멘델이 '러너스 하이(Runner's High)'라 불렀어요.

남을 도울 때 '러너스 하이(Runner's High)'같은

짜릿하고 황홀한 느낌이 지속되고, 치유가 된다는 사실을 발표했어요.

Allan luks 박사는 「선행의 치유력(2001)」에서

이를 '헬퍼스 하이(Helper's High)'라 했어요.

1주 8시간 이상 봉사하는 3,000명 중 95%가

헬퍼스 하이를 경험하고,

혈압과 콜레스테롤 수치가 낮아지고,

엔도르핀도 평소의 세 배 이상 나왔어요.

하버드 의과 대학교에서의 한 실험도 비슷해요.

자원봉사의 경험이 있는 학생과 경험이 없는 학생을 대상으로

테레사 수녀의 영상을 보기 전 후의 타액 성분의 변화를 비교했어요.

시청 전 114.92 나노그램이었던 면역항체 'IGA'가

시청 후 165.71 나노그램으로 50% 증가했어요.

누군가를 돕는 일이 왜 우리 몸에도 더 이로운 것일까? 문득 궁금해요.

나 중심인 오감의 행복을 찾아 살다보면
갑자기 나에게 안 좋은 일이 일어났을 때
행복의 중심인 내가 무너져 내리는 느낌에 불안함을 느낄 수 있어요.

그런데 나와 너 중심인 삶의 의미를 찾아 살다보면
갑자기 나에게 안 좋은 일이 일어나도 행복이 의미와 가치에서 오기에
불안함을 덜 느낀다고 해요.

삶의 기쁨과 의미에 나 뿐 아니라 남도 포함될 때
우리는 비로소 행복해지는 존재들인 거지요.

내 삶의 의미와 가치는 무엇인가요?
내 존재가 진정 원하는 것을 생각해 봐요.

내 삶에서 만나고 싶은 소중한 것들
내 삶에서 만나고 싶은 소중한 의미들
내 삶에서 만나고 싶은 소중한 가치들을 적어 봐요.

나를 닮은 나의 아바타, 나의 분신!
마음이 힘들 때 다시 꺼내 봐요.
힘든 마음 너머 내 삶의 의미가 있어요.
내 몸, 내 마음, 영혼이 가진 힘을 믿는 거예요.
내가 아는 나보다 큰, 내가 모르는 나를 믿어주세요.

모든 것의 답은 내 안에 있습니다.

가슴이 뛰는 삶의 의미를 찾아 사는 일이
이 세상에서 가장 나답게 사는 행복이라는 것을요.

내 삶에서 가장 소중한 가치는?

＊책 뒤쪽에 위치한 부록(감정카드)를 참고해 주세요.

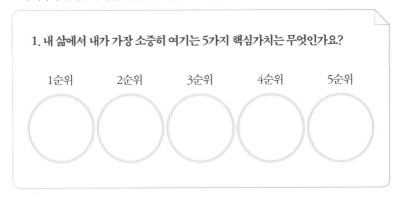

1. 내 삶에서 내가 가장 소중히 여기는 5가지 핵심가치는 무엇인가요?

| 1순위 | 2순위 | 3순위 | 4순위 | 5순위 |

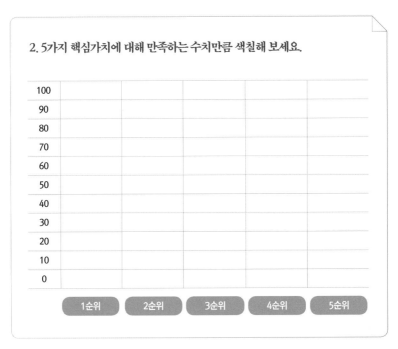

2. 5가지 핵심가치에 대해 만족하는 수치만큼 색칠해 보세요.

100				
90				
80				
70				
60				
50				
40				
30				
20				
10				
0				
	1순위	2순위	3순위	4순위	5순위

3. 내 삶의 핵심가치에 추가 하고 싶은 활동, 계획은 무엇인가요?

활동
계획

| 1순위 | 2순위 | 3순위 | 4순위 | 5순위 |

4. 내 마음 속 5대 가치를 돌아본 나의 느낌은 어떤가요?

나로 사는 삶,
위대한 스토리 듀어!

삶을 지속하게 하는 강력한 힘은 어디에서 올까요?

"'왜' 살아야 하는지 아는 사람은 그 '어떤' 상황도 견뎌낼 수 있다." 라는
니체의 말처럼 삶을 지속하게 하는 것은 의미와 가치에요.
'내 삶에서 어떤 의미와 가치를 만들기 원하는가?'라는 질문에 대한 답이
삶을 지속하게 해요.
결국 나는 삶에서 나만의 의미와 가치를 찾아낼 거예요.

그 의미와 가치를 가슴에 품고 살면서
때때로 어려움을 만나고, 실패하고 마음이 아픈 날도 있어요.
그 아픔이 때로 내 영혼에 깊은 상처를 낼 수도 있어요.
그 상처를 '마음코트'로 안아줘요. 그리고 꼭 기억해요.

풀을 베면 풀 향기가, 소나무를 자르면 송진 향기가 난다는 것을.

아픔이 없으면 향기도 없다는 것을.

좋은 향기는 사람을 치유한다는 것을.

아픔이 준 상처를 의미로 만들면 향기가 된다는 것을.

상처로 남느냐? 향기로 남느냐?

세상의 주인공인 내가 할 유일한 선택은 상처보다 향기라는 것을.

– 권영애, 그 아이만의 단 한사람 p.253

자기 삶의 의미와 가치를 행동으로 실천하는 사람을
스토리 두어(story doer)라고 합니다.

누구에게나 그 사람만의 스토리가 있어요.
실패는 실패대로, 기적은 기적대로 다 삶의 스토리가 돼요.
삶의 스토리는 특별한 이벤트가 아니라
매일의 소소한 행동이 펼쳐지는 일상에 있어요.
특별한 시간과 공간, 특별한 사람을 만나야만 특별해지는 것이 아니예요.
"평범한 일상의 삶에서 나만의 특별한 역사가 만들어지고 있어요.
나만의 생각, 감정, 욕구를 담은 스토리만이 나의 특별한 역사니까요."

내가 있는 곳, 일하는 곳, 하는 일들 모두가
유일무이한 나만의 스토리를 만들어가는 곳이에요.
매일매일 많은 시간 알게 모르게 나 자신과 만나며,

어느 날은 가슴 벅차오르고, 어느 날은 외롭고 서럽기도 해요.
눈물, 땀으로 이어진 나만의 스토리는 그 자체로 소중해요.
나에게 영원히 소중한 의미로 남는 건 시간, 감동, 아픔, 기쁨이 담긴
나만의 스토리뿐이에요.

"어떤 소설이 좋은 소설이냐?"는 질문에 대한 헤밍웨이의 답은
"만약 마닐라 호텔과 같다면, 그것은 좋은 이야기다"라고 했대요.
평범한 마닐라 호텔이 특별한 이유는
마닐라 호텔만의 스토리가 있기 때문이에요.

나만의 스토리에는 비교도 경쟁도 없어요.
그 자체로 유일무이하니까요.

스토리는 실패 상황에 영향을 받지도 않아요.
"나는 이것이 부족해, 나에게는 이것이 없어."가 아니라,
"나에겐 이것이 있어, 나는 이것을 잘해." 라고 다시 긍정에서 출발해요.

우리 삶도 같아요.

"최고를 위한 경쟁이 아니라 자신만의 스토리를 만들고
그 스토리로 빛나는 존재가 되는 것."

내가 만나는 일상 자체가 유일무이한 역사이고, 유일무이한 순간이에요.
내가 만나는 한 사람, 한 순간, 한 공간이 다 특별해요.

그 자체로 내 삶은 의미 있고, 가치가 있어요.

알아주지 않아도, 이미 특별해요.

나만의 생각, 감정, 욕구를 담은 스토리만이 나의 특별한 역사니까요.

나는 눈물겹도록 아름다운 내 삶의 실천가!

이 세상 유일무이한 내 삶의 의미를 살다 갈

온리원 (only one) 스토리듀어(story-doer)니까요.

내 삶의 스토리 아바타 만들기

❶ 내 얼굴 표정을 그리고, 가슴 부분에는 나의 상징을 그려줍니다.

예) 빨강 하트: 따뜻한 사랑에너지를 주고받는 나

예) 노란 배낭: 삶의 여행을 즐기는 즐겁고, 감사 넘치는 나

❷ 왼쪽 팔에는 내 삶의 의미와 가치를 담은 내 이름 3가지를 적어 주세요.

(내가 불러주고, 사람들이 불러줬으면 하는 이름으로 적기)

예) 사랑에너지가 기적임을 삶으로 전한 사랑천사 권영애, 소중한 존재들을 안아준

생명 스토리 듀어 권영애 등

❸ 오른 팔에는 지금까지 내 삶에서 시도한 도전, 경험, 의미 중 3가지를 적습니다.

성공이나 실패와 상관없이 시도한 것만으로도 의미가 있습니다.

❹ 왼쪽 다리에는 내 인생의 의미와 가치이기에 죽기 전 꼭 이루고 싶은 것들을 적습니다.

내 일상의 작은 일, 만남, 순간들 속에서 만들어 갈 나만의 스토리를 적습니다.

❺ 오른쪽 다리에는 내가 나에게 해주고 싶은 진심어린 격려와 인정의 말을 적습니다.

무엇보다 소중한 건 내가 나를 안아주고, 온전히 사랑해 주는 일입니다.

내가 만나는 일상 자체가 유일무이한 역사이고, 유일무이한 순간이에요.

내가 만나는 한 사람, 한 순간, 한 공간이 다 특별해요.

그 자체로 내 삶은 의미 있고, 가치가 있어요.

알아주는 이 없어도, 나는 이미 특별해요.

이 세상 유일무이한 나, 특별한 스토리듀어인 나를 내가 축복해요.

이 세상 유일무이한 나, (   ) 스토리듀어인 나에게.

너를 있는 그대로 사랑해!

내가 네 편이 되어줄게!

네가 살아있음 그 자체가 선물이야!

이 세상에서 너를 대체할 사람이 없어!

존재만으로도 사랑스러워!

네가 내 곁에 있어 행복해!

네가 너여서 고마워!

내가 너를 언제나 응원해!

온 우주가 너를 응원해!

1. 마음 COT 감정이름표 300

불쾌한	고통	괴로운, 비참한, 속상한, 억울한, 억장이 무너지는, 지겨운, 지긋지긋한, 참담한.
	놀람	가슴이 덜컥한, 간담이 서늘한, 굳어버리는, 기가 막히는, 놀란, 당황스런, 떨리는, 말문이 막히는, 섬뜩한, 소름끼치는, 아찔한, 어안이 벙벙한, 얼어붙은, 움찔한, 충격적인, 하늘이 무너지는, 할 말을 잃어버린, 황당한, 후들거리는.
	단절감 외로움	거리감이 느껴지는, 고독한, 고립되는, 공허한, 냉랭한, 단절된, 마음이 닫힌, 무신경한, 무심한, 서먹서먹한, 시큰둥한, 쌀쌀맞은, 쓸쓸한, 외로운, 재미없는, 처량한, 처절한, 허전한, 허탈한.
	두려움 불안	걱정되는, 겁먹은, 기분이 가라앉은, 긴장된, 끓어오르는, 낯선, 답답한, 두려운, 뒤숭숭한, 막막한, 망설여지는, 무서운, 미심적은, 부담스런, 불안정한, 불편한, 산만한, 생소한, 숨 막히는, 신경 쓰이는, 심란한, 안달하는, 안절부절 못하는, 어리둥절한, 염려되는. 오싹한, 위태위태한, 의심스런, 전전긍긍하는, 조급한, 조마조마한, 조심스런, 주저하는, 진땀나는, 찝찝한, 초조한, 피곤한, 혼란스런.
	분노	격분한, 격앙되는, 괘씸한, 뚜껑이 열린, 미운, 분한, 신경질 나는, 약오른, 얄미운, 열받는,
	서운함 실망	까마득한, 낙심한, 따분한, 서운한, 섭섭한, 성가신, 실망한, 씁쓸한, 아까운, 야속한, 예민한, 원망스러운.
	수치심 죄책감	겸연쩍은, 고통스런, 곤혹스런, 귀찮은, 난감한, 멋쩍은, 미안한, 민망한, 부끄러운, 샘나는, 수치스러운, 쑥스러운, 어색한, 죄스러운, 질투하는, 창피한, 후회스러운.
	슬픔 좌절	가엾은, 구슬픈, 그리운, 기운 없는, 눈물 나는, 마음 아픈, 먹먹한, 멍한, 목이 메는, 무기력한, 불쌍한, 서글픈, 서러운, 슬픈, 안타까운, 암담한, 애석한, 우울한, 울적한, 위축된, 의기소침한, 절망스러운, 주눅 든, 침울한, 힘 빠지는.
	혐오	거북한, 거슬리는, 경멸하는, 구역질나는, 끔찍한, 모욕적인, 못마땅한, 불쾌한, 불편한, 싫은, 싫증나는, 정떨어지는, 증오스러운, 질리는, 징그러운, 찜찜한, 천박한, 한심한.

유쾌한	감동	가슴 뭉클한, 가슴 찡한, 감격스러운, 감동스러운, 경이로운, 고마운, 눈물겨운, 눈시울이 젖는, 벅찬, 신기한, 짜릿한.
	기쁨	기분 좋은, 기쁜, 당당한, 명랑한, 반가운, 신나는, 유쾌한, 의기양양한, 자랑스러운, 재미있는, 즐거는, 즐거운, 홀가분한, 흥겨운, 흥미로운.
	사랑	감미로운, 귀여운, 끌리는, 다정한, 따뜻한, 마음이 가는, 마음이 통하는, 사랑스런, 애틋한, 예쁜, 친밀한, 포근한.
	열정	관심이 가는, 궁금한, 몰두하는, 몰입하는, 발랄한, 열의가 넘치는, 열중하는, 의욕이 넘치는, 자신만만한, 친절한, 쾌활한, 활기찬, 힘이 넘치는.
	편안	개운한, 긴장이 풀리는, 느긋한, 든든한, 마음이 놓이는, 안락한, 안심되는, 안정을 찾은, 진정된, 차분한, 편안한, 평온한, 평화로운, 후련한.
	행복	감미로운, 만족스러운, 보람 있는, 흐뭇한, 흡족한.
	흥분	가슴이 터질 듯한, 두근거리는, 들뜬, 뿌듯한, 설레는, 우쭐한, 황홀한, 흥분한.
	희망	기대되는, 기운이 나는, 소망하는, 용기를 얻는, 자신만만한, 확신하는, 희망을 느끼는.

2. 마음 COT 의도이름표 80 (욕구, 바램, 소망)

생존과 안전	건강	건강하게 살고 싶다.	자유	자유롭게 선택하고 행동하고 싶다.
	보살핌	보살피고 싶다. 보살핌 받고 싶다.	준비	준비를 잘하고 싶다.
	보호	보호하고 싶다. 보호받고 싶다.	쾌적함	쾌적한 환경에서 살고 싶다.
	안전	안전하고 싶다.	편안	편안하고 싶다.
	여유	경제적으로 여유롭고 싶다.	효율	시간과 에너지를 잘 활용하고 싶다.
	원칙	원칙이 지켜졌으면 좋겠다.	휴식	충분히 잠자고, 쉬고 싶다.
	의식주	좋은 옷, 음식, 집을 누리고 싶다.		

정서 소속감	감사	감사를 주고받고 싶다.	사랑	사랑하고 싶다. 사랑받고 싶다.
	경청	내 말에 귀 기울여주면 좋겠다.	소속감	소속되고 싶다.
	공감	공감받고 싶다.	수용	있는 그대로 받아들여지고 싶다.
	공평	공평하게 대우받고 싶다.	연결	가까이 연결되고 싶다.
	관계	사이좋게 지내고 싶다.	의지	의지하고 싶다.
	관심	관심받고 싶다.	이해	이해받고 싶다.
	대화	대화를 나누고 싶다.	인정	인정받고 싶다.
	도움	도움을 주고받고 싶다.	존중	존중받고 싶다.
	돋보임	특별한 사람으로 돋보이고 싶다.	지지	지지받고 싶다.
	동반	함께 시간을 보내고 싶다.	친밀함	친밀하게 지내고 싶다.
	배려	배려 받고 싶다.	표현	생각과 감정을 표현하고 싶다.

즐거움	놀이	놀고 싶다.
	배움	새로운 것을 배우고 싶다.
	여유	여유를 가지고 싶다.
	여행	여행하고 싶다.
	즐거움	즐겁게 지내고 싶다.

의미	꿈	꿈을 이루고 싶다.	영향력	영향력을 가지고 싶다.
	도전	도전하고 싶다.	의미	기여하고 싶다.
	몰입	몰입하고 싶다.	일관성	일관성을 갖고 싶다.
	변화	변화하고 변화시키고 싶다.	정성	정성을 들이고 싶다.
	보람	보람을 느끼고 싶다.	중요	중요한 사람이고 싶다.
	성실	성실하고 싶다.	진실함	진실하고 싶다.
	성장	성장하고 성장시키고 싶다.	창의성	창의성을 발휘하고 싶다.
	소명	소명을 실현하고 싶다.	필요	필요한 사람이고 싶다.

존재감	개성	개성을 드러내고 싶다.	자신감	자신감을 가지고 싶다.
	독립	독립된 시간, 공간에 있고 싶다.	자율	스스로 찾아서 하고 싶다.
	멈춤	멈추고 싶다.	전문성	전문가가 되고 싶다.
	목표	목표를 이루고 싶다.	존재감	존재감을 갖고 싶다.
	선택	선택하고 싶다.	주도성	이끌어 가고 싶다.
	소신	소신(주관) 이 뚜렷하고 싶다.	칭찬	칭찬받고 싶다.
	신뢰	신뢰받고 싶다.	탁월함	탁월하고 싶다.
	자발	마음이 내켜서 하고 싶다.	효능감	잘 해내고 싶다.

통합 조화	균형	삶의 균형을 지키고 싶다.
	긍휼	따뜻하게 돌봐 주고 싶다.
	순리	순리에 따라가고 싶다.
	영성	영적 교감을 느끼고 싶다.
	자연	자연 친화적으로 살고 싶다.
	정돈	정리 정돈하고 싶다.
	조화	조화를 이루고 싶다.
	평온	평온하고 싶다.

3. 마음 COT 가치이름표 110

가족	감사	건강	겸손	경청	공감	공정	관심	관용	관찰
권위	균형	긍정	기쁨	나눔	너그러움	노력	느림	다양성	단순
도움	도전	명예	멈춤	목적의식	목표	몰입	믿음	반성	발전
변화	배려	배움	보람	보살핌	봉사	부유함	부지런함	사랑	사려
성실	성장	성취	소신	소통	솔선	수용	신뢰	신속	실행
아름다움	안정	알아차림	약속	양보	양심	역량	열정	용기	용서
우정	유머	유연성	완전	자비	자세	자신	자연	자유	자율
자존	자주	적극성	절대	절약	절제	절차	정도	정돈	정신
정성	정의	정직	조화	존중	존경	종교	중용	지식	지혜
진실함	진정성	질서	창의	책임	청결	초연	체험	치유	친절
평온	탁월	한결같음	함께함	헌신	협력	효율	화합	확신	희망

우리, 더 뜨겁게, 마음 충전을 시작해 볼까요?

권영애 선생님의 신간 『마음에도 옷이 필요해, 마음 추운 날 마음코
트』에 수록된 마음 코트 활동은 아이스크림연수원 사이트에서 자세
하게 살펴보실 수 있습니다.
〈교사 자존감을 살리는 마음충전 프로세스 - COT〉 원격 연수를
http://teacher.i-scream.co.kr 홈페이지를 통해 확인해 주세요.

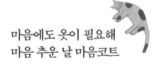

마음에도 옷이 필요해
마음 추운 날 마음코트

초판 1쇄 발행 2020년 3월 9일
3쇄 발행 2020년 4월 21일

지은이 권영애
펴낸이 박기석
기획·편집 장인영
디자인 올컨텐츠그룹

펴낸곳 ㈜아이스크림미디어
출판등록 2013년 12월 11일
신고번호 제2013 – 000115호
주소 경기도 성남시 분당구 판교역로 225-20 시공빌딩
전화 1544-3070
팩스 02-6280-5222
홈페이지 http://teacher.i-scream.co.kr

ISBN 979-11-5929-036-7 03370 **CIP** CIP2020006071